Florian Juterschnig

LANDSER IM WELTKRIEG 11

Panzerkrieg im Frontbogen – Brutales Ringen in der
Panzerschlacht bei Kursk

EK-2 Militär

Genau diese Schicksalsgemeinschaften nimmt »Landser im Weltkrieg« in den Blick.

Bei den Romanen aus dieser Reihe handelt es sich um gut recherchierte Werke der Unterhaltungsliteratur, mit denen wir uns der Lebenswirklichkeit des Landsers an der Front annähern. Auf diese Weise gelingt es uns hoffentlich, die Weltkriegsgeneration besser zu verstehen und aus ihren Fehlern, aber auch aus ihrer Erfahrung zu lernen.

Nun wünschen wir Ihnen viel Lesevergnügen mit dem vorliegenden Werk.

Ihre Zufriedenheit ist unser Ziel!

Liebe Leser, liebe Leserinnen,

zunächst möchten wir uns herzlich bei Ihnen dafür bedanken, dass Sie dieses Buch erworben haben. Wir sind ein kleines Familienunternehmen aus Duisburg und freuen uns riesig über jeden einzelnen Verkauf!

Unser wichtigstes Anliegen ist es, Ihnen ein angenehmes Leseerlebnis zu bieten.

Damit uns dies gelingt, sind wir sehr an Ihrer Meinung interessiert. Haben Sie Anregungen für uns? Verbesserungsvorschläge? Kritik?

Schreiben Sie uns gerne: info@ek2-publishing.com

Nun wünschen wir Ihnen ein angenehmes Lese-erlebnis!

Heiko und Jill von EK-2 Militär

PANZERKRIEG IM FRONTBOGEN

13. März 1943, irgendwo bei Charkow

Ein eisiger Wind peitschte durch die winterliche Landschaft, als unser Panzer III mit rasender Fahrt durch den Schnee pflügte. Das dumpfe Grollen der Ketten und das Heulen des Windes vereinten sich zu einem symphonischen Lied der Mechanik, der Kriegsmechanik wohlgemerkt.

Auf dem eisigen Panzer saß ich zusammen mit einem Teil meines Zuges, unsere Gesichter von Schals und Mützen verhüllt, die uns vor der gnadenlosen Kälte schützen sollten, aber naturgemäß nicht wirklich taten.

In der Luft lag die Spannung des Durchbruchs des entscheidenden Moments, auf den wir nach den Aderlässen von Stalingrad so lange gewartet hatten. Wir hatten wieder einen bedeutenden Sieg errungen, eine Schlacht gewonnen. Es war wie früher. Ausgebrannte russische Tanks, soweit man sah und endlose Ketten gefangener Rotarmisten auf dem Marsch nach Westen. Die Kessel waren kleiner geworden, es waren nicht mehr ganz die glorreichen Jahre, aber dennoch: Es ging wieder vorwärts.

Die Landschaft flog an uns vorbei, ein verschwommener Wirbel aus Weiß und Grau, während der Panzer unaufhaltsam vorstürmte. Ich spürte die Vibrationen des Fahrzeugs unter meinen Füßen, den eiskalten Wind, der meine Wangen peitschte, und die Euphorie, die in der Luft hing. Um uns herum jubelten die Männer, ihre Stimmen waren allerdings vom Lärm der Maschine verschluckt. Doch inmitten des Sieges konnte ich die Schatten des Vergangenen nicht vergessen, die wie dunkle Wolken über unserem Triumph schwebten.

Meine Uniform war von Frost und Schlamm durchtränkt, Zeugen unzähliger Nächte in den Schützengräben und verzweifelter Rückzugsgefechte aus dem Kaukasus. Die Gesichter meiner Kameraden trugen die Narben der Anstrengung, aber auch der Hoffnung, dass dies alles nur bald vorbei sein würde und wir daheim bei unseren Liebsten sein würden. In unseren Augen spiegelte sich der Preis, den wir für diesen vermeintlichen Durchbruch gezahlt hatten. Wir wollten keinen Krieg mehr. Wir wollten nur ein rasches Ende und Frieden und die ersehnte Heimkehr zu unseren Liebsten. Und doch fühlten wir uns in der Pflicht und wussten, dass nur unser harter Einsatz hier ein Ende brachte. Es stimmte doch irgendwo: Totaler Krieg – kürzester Krieg.

Der Panzer-Treck zog weiter durch die winterliche Wildnis, vorbei an zerstörten Dörfern und gefrorenen Wäldern. Der Krieg hatte diese friedliche Landschaft in eine trügerische Kulisse des Chaos verwandelt, in der jeder Schritt ein Kampf war und jede Ruhepause von der Unsicherheit der nächsten Konfrontation überschattet wurde.

Während wir durch die eisige Weite preschten, konnte ich nicht vergessen, dass dieser Durchbruch nicht nur ein Sieg, sondern auch ein Vorstoß in das Unbekannte war. Die Fronten mochten sich verschoben haben, aber die Zukunft blieb unsicher, von den Gezeiten des Krieges und den Launen der Führung gelenkt.

Der Panzer verlangsamte schließlich seine rasante Fahrt und kam zum Stehen. Die Männer auf dem Kampfwagen, einschließlich mir, sprangen geschickt ab, unsere Stiefel knirschten im Schnee. Die Umgebung schien vorübergehend ruhig zu sein, doch zwei Jahre Russland hatten uns gelehrt, dass die Stille oft die Vorbotin des Sturms war.

Mein Blick wanderte über die verschneite Landschaft, als wir uns einem verlassenen Schützenloch näherten. Die Waffen waren bereit, die Finger schon am Abzug. Noch war es ja nicht vorbei.

Wie wir absolut erwartet hatten, sprangen einige Rotarmisten aus ihrem Versteck und eröffneten das Feuer. Die Kugeln zischten durch die Luft und wir reagierten instinktiv, warfen uns in den Schnee und suchten Deckung. Der Schützengraben wurde zu einem improvisierten Schlachtfeld, fast ein Spiel zwischen Überlebensinstinkt und strategischem Geschick. Als er seinen Kopf aus der Deckung hob, verpasste ich dem Kommandanten eine und er sackte vorne über.

Die Kälte des Schnees drang wieder überall ein, während ich mich durch den winterlichen Untergrund bewegte. Die Rotarmisten, die uns attackierten, waren ebenso geschickt wie wir geworden. Es war fast wie ein choreographierter, blutiger Tanz, bei dem wir zwischen den Deckungsmöglichkeiten wechselten und Schüsse abgaben. Inmitten der kämpfenden Männer konnte ich das Lachen von einigen wahrnehmen. Die Spannung des Moments, die Mischung aus Adrenalin und Euphorie ließ den Ernst des Krieges für einen kurzen Augenblick vergessen. Es war beinahe so, als ob wir uns in einem surrealen Spiel befanden, in dem die Linien zwischen Freund und Feind verschwammen.

Irgendwie trieben wir sie schließlich zurück und jagten einen nach dem anderen aus dem Schützenloch. Einige von ihnen hoben die Hände in einer Geste der Kapitulation, andere flohen in die Ferne der verschneiten Ebene. Der Moment war siegreich, aber es war ein Sieg, der von einem Hauch von Ironie umgeben war.

Doch kaum hatte ich meine Gruppe – ganze sechs Schützen waren mir geblieben – versammelt, polterte ein Krad heran und als der Melder herunterstieg, wusste ich, dass uns noch eine Härte blühen würde.

„Bitte um Gehorsam, Herr Unteroffizier", murmelte er mir missmutig zu, obwohl er vielleicht

19 Jahre alt war. „Westlich von hier ist ein Gehöft mit einer Straße nach Westen. Vielleicht zwei Kilometer. Infanterie versucht dort den Durchbruch. Die Felder sind vermint und das trauen sich heute nicht mal die Russen. Das Bataillon befiehlt, dass Sie dort Stellung beziehen und die Straße abriegeln sollen."

Mir war natürlich sofort klar, dass dies ein einziges Höllenfeuer bedeuten musste. Was sollte das sonst werden? Aber uns blieb nichts übrig. Ich ergänzte meine dezimierten sechs Schützen um eine PaK samt Zugmaschine, die ich mir ohne langes Fragen einfach unterstellte, und wir wateten los. Immer brav gesichert und in Reih und Glied die verschneite Landstraße entlang, über uns graue Suppe.

Irgendwann erreichten wir ein einsames Gehöft. Ein paar Schützen lungerten schlampig herum. Mitten auf der Straße war ein einsames MG34 auf eine Lafette gepflanzt worden, um die Ecke parkte ein RSO. Ich verlor nicht viel Worte, sondern gebot Müller, der zwar den gleichen Rang wie ich innehatte, aber mir trotzdem unterstellt war, mit den Soldaten auszuschwärmen und jeden Zaun und jede niedrige Mauer sofort in Beschlag zu nehmen. Müller war mein Stellvertreter und genoss mein vollstes Vertrauen.

Ich baute mich unterdessen vor den hiesigen Schützen auf.

„Was ist das hier für ein Saustall! Wer führt hier das Kommando?"

Ein Obergefreiter wackelte zittrig auf mich zu.

„Melde gehorsamst, Herr Unteroffizier, Obergefreiter Allreich, Führung 2. Gruppe, acht Mann. Mehr sind wir nicht mehr. Russen voraus. Erwarten Angriff über die Straße jederzeit."

Irgendwie amüsierte mich die Situation, obwohl ich es auch grob fahrlässig fand, so wenige Schützen irgendwo sich selbst zu überlassen.

„Also gut, Allreich. Was ihr hier tut, ist der helle Wahnsinn. Aber ihr könnt froh sein, dass ich nicht so einer bin und die Russen in der Regel auch nicht. " Ich packte ihn am Revers. „Auch du musst hier draußen wissen, was zu tun ist, ja? Ja?"

„Jawohl."

„Wenn du die Russen hier einfach so stürmen lässt und das MG so lieblos mitten auf die Straße stellst, was wird wohl passieren? Hmm? Ihr räumt diesen Saustall jetzt sofort auf, du meldest dich mit deinen Leuten bei Unteroffizier Müller. Das MG kommt in die Dachscharte von dem Schuppen da. Die restlichen Leute, einfügen."

„Jawohl, Herr Unteroffizier!"

Die acht Schützen liefen in Panik herum, packten eilig die Ausrüstung und versuchten sofort in der Masse aus Müller und den anderen Schützen zu verschwinden.

Ich schüttelte nur den Kopf. Aber immerhin. Die Lage, um den Angriff abzuwehren, war gar nicht so schlecht. Es gab tatsächlich nur dieses eine Gehöft, von dem die Straße perfekt einsehbar war. Dazu einige Schuppen und kleine Wohngebäude. Den Raupenschlepper stellten wir einfach quer über die Straße. Mit dem MG auf dem Scheunendach konnten wir jeden Bereich perfekt einsehen. Die umliegenden Felder waren ja angeblich vermint, was ein gewisser Schutz sein würde, obwohl die Russen so etwas auf Kosten ihrer eigenen Leute auch gerne mal ignorierten.

Dann hieß es warten. Stundenlanges, sinnloses Warten. Vor uns die verschneite, eintönige Landschaft der Felder. Dafür, dass man es zuerst so eilig gehabt hatte, schien die Szenerie nun völlig zu schlafen. Ich hatte mich mit Müller und einem Rekruten als Schützen 3 hinter das MG gepflanzt, das Feldtelefon in meiner Ruf-Reichweite und mit einem VB der Artillerie besetzt, die Schützen alle in Position. Jeder zweite Mann trug eine Handgranate bei sich.

Plötzlich tauchten am Horizont viele kleine, schwarze Punkte auf, die sich schnell zu einer Wand aufwuchsen. Die Russen kamen zu Hundert im Sturm! Sie kamen immer näher und näher. Eine ganze Wand aus Menschen! Doch unsere Gewehre schwiegen. Immer näher kamen sie in Reihen von zehn bis zwanzig Mann, oft nur mit einem Gewehr bewaffnet.

Plötzlich krachte es über uns! Schwarze Wolken zuckten durch die Luft und im nächsten Moment war von den Russen nicht mehr viel übrig.

Gleich darauf kam die zweite Welle.

„Ura! Ura!", tönte es.

Die Angreifer stiegen einfach über die Toten hinweg, hoben manchmal sogar die Gewehre auf und liefen weiter.

„Ura! Ura!"

Es knallte erneut, diesmal schneller, denn unsere Artillerie hatte sich schnell eingeschossen. Erneut spritzten Schnee, Erde, Blut und Fleisch über die Felder. Nichts blieb übrig, außer rauchenden Kadavern.

„Ura! Dawei! Dawei!"

Man glaubte es kaum, aber aus dem bodennahen Rauch brachen tatsächlich einzelne Kämpfer heraus und liefen weiter. Jetzt gab ich doch den Feuerbefehl und unsere Schützen legten los. Das MG ratterte und nicht einer kam durch. Derjenige, der am weitesten kam, brach nur knapp vor unserer Stellung zusammen.

Ich ließ die Männer sammeln. Der Schock war den jungen Schützen ins Gesicht geschrieben. Meine Leute waren derlei Makabres leider gewohnt. Ich ging ganz nah an den letzten Russen, der eben nur wenige Meter vor unserer Stellung verblutet war. Sanft rollte ich ihn mit dem Stiefel zur Seite und schloss mit zwei Fingern seine blassen Augen.

„Männer, das… war der Einsatz von Technik und Verstand gegen Rohheit und Barbarei! Ist jemand verletzt?"

Blicke wurden ausgetauscht, alle schienen unversehrt.

„Und… das… ist Verschwendung von Menschenleben… sinnlose Verschwendung."

Ich deutete auf die wüst umgepflügten Felder voller zerfetzter Kleider, verlorener Ausrüstung und verbrannter Leichen. „Ihr geht da jetzt durch und seht euch die Russen genau an. Dafür beziehungsweise dagegen werden wir kämpfen. Und dafür werden wir auch siegen!"

Motivation ergriff die Männer und sanfter Jubel mischte sich mit dem Gefühl, endlich wieder für eine gute und richtige Sache zu kämpfen.

Ende März 1943, Führerhauptquartier Werwolf, Winniza, Ukraine

Die Holzbaracke schien dem eisigen Wind dieser Märztage nur mit Mühe zu widerstehen. Ihre Wände zitterten leicht im Wind, der durch die spärlichen Ritzen strich. Ein mattes Licht drang durch die schmutzigen Fensterscheiben und enthüllte die raue Einfachheit dieses gewohnt schäbigen Versammlungsortes.

Das Innere der Baracke war von einem bleichen Licht erfüllt, das die müden Gesichter der Offiziere in einem unvorteilhaften Schatten zeichnete. Lange Tische aus Eichenholz erstreckten sich entlang der Wände, auf denen sich Karten, Strategiepläne und Tassen mit kaltem Kaffeeersatz ausbreiteten. In der Mitte des Raumes stand ein abgewetzter Konferenztisch.

Die Kälte, die draußen lauerte, schien ihren Weg auch ins Innere der Baracke gefunden zu haben. Folglich waren die versammelten Generäle selber steif wie Stöcke, während sie auf den Beginn der Debatte warteten. Nur Generaloberst Zeitzler ließ sich von der Apathie nicht anstecken und rührte mit durchaus freudiger Miene in seinem Tee. Sein Blick war von einer ansteckenden Gleichgültigkeit überzogen, gepaart mit einer durchaus erfrischenden Freude für das Aktuelle. Nur weil man grundsätzlich verloren war, hieß das nicht, dass man die Zeit bis zum Ende nicht dennoch in großer Freude verbringen konnte.

Schließlich betrat er den Raum, gefolgt von von Manstein.

Hitler – mit Lesebrille und längst mit einem Anflug von Grau in seinen Schläfen – nahm seinen Platz am Kopf des Tisches ein. Manstein, dessen Augen eine Mischung aus Entschlossenheit und Frustration ausstrahlten, stellte sich direkt daneben. Ein leiser Hauch von Spannung erfüllte den Raum, als die Debatte begann.

Der Führer erhob seine Stimme zuerst. Sein Ton war ruhig und bedächtig, eine Spur Wirklichkeitsvergessenheit schwang mit, aber das war man mittlerweile gewohnt.

„Meine Herren, ich danke Ihnen, wir stehen an einem entscheidenden Punkt. Der Feind hat sich in einer Ausbuchtung eingegraben. Er denkt, dass dies unsere Front bedroht. Aber tatsächlich sitzen sie in der Falle. Schnüren wir das ab, so ist alles, was der Russe in den letzten Monaten aufgeboten hat, einschließlich dessen, was ihm der Engländer schickt, wieder zerschlagen. Aber wir müssen abwarten. Unser ganzes Kontingent ist erschöpft. Der Winter hält an und wie Sie ja wissen, sind unsere Panzer hoffnungslos veraltet. Wir sollten warten, bis die neuen Modelle an der Front sind. Sie werden uns einen technologischen Vorteil verschaffen, der sich gewaschen hat."

Manstein schnaubte leise, seine Hände ballten sich zu Fäusten, dann aber lächelte er.

„Mein Führer! Warten, während der Feind sich fester eingräbt, das ist absurd. Wir haben jetzt die Möglichkeit, sie zu überraschen, sie aus der Ausbuchtung zu vertreiben und unsere Front zu stärken. Der Moment zum erneuten Durchbruch in die Tiefe des Raumes ist jetzt."

Die anderen Generäle, wohl von der Aussicht auf einen sofortigen Angriff abgeschreckt, saßen schweigend da, einige wagten nicht, ihre Meinung zu äußern. Der Feldmarschall fühlte sich von seinen Kollegen verraten und verhöhnt, aber das Spiel kannte er ebenfalls bereits.

Hitler, ungerührt von der spürbar aufwallenden Hitze der Diskussion, verteidigte seine Position.

„Feldmarschall von Manstein, ich verstehe Ihre Entschlossenheit, aber wir dürfen nicht leichtfertig handeln. Unsere Ressourcen sind begrenzt und ein unüberlegter Angriff könnte verheerende Folgen haben. Wir müssen strategisch vorgehen. Das ist nicht nur ein ideologischer und ein militärischer, sondern vor allem auch ein wirtschaftlicher Kampf. Dieser Krieg wird nicht mehr nur auf dem Schlachtfeld gewonnen, sondern auch in den Fabrikhallen. Ein technologischer Vorsprung schlägt jeden noch so verbohrten, kleinkarierten Fanatismus, mit dem Stalin seine Leute in den Tod treibt."

„Sie wissen, dass unsere Truppen nicht mehr lange durchhalten. Jetzt ist die Zeit zu handeln, bevor es zu spät ist. Wir haben in Charkow bewiesen, dass wir mit unterlegenen Kräften..."

Hitler schnitt ihm das Wort ab und deutete nur stumm.

Die Spannung erreichte ihren Höhepunkt, als die beiden Männer einander mit hitzigen Blicken ge-

genüberstanden. Die anderen Generäle sahen zu, einige mit Unsicherheit, andere mit stiller Bewunderung für die Entschlossenheit von Mansteins. Doch der Führer blieb unnachgiebig wie immer.

Zeitzler ergriff das Wort.

„Mein Führer, ich kann mich dem nur anschließen und habe bisher auch genauso geplant. Jetzt ein Stoß durch den unorganisierten Feind öffnet uns wieder die Tiefe des Raumes. Es reicht, wenn Einheiten des Feindes überrumpelt werden und wir wieder an diversen Knotenpunkten stehen und sei es nur mit schwachen Kräften. Man kann dem Feind den Nachschub abschnüren und größere Widerstandsnester irgendwo hinter unserer Linie kann man dann noch immer..."

Hitler deutete ihm nur mit einem verächtlichen Blick, es zu unterlassen.

„Meine Herren, Sie müssen wissen, dass sich dieser Krieg nicht nur auf den Schlachtfeldern entscheidet. Es hat viel mit Politik zu tun. Ich selbst habe das Soldatenhandwerk nicht auf irgendwelchen Militärschulen gelernt, sondern durch die eigene Hand im Schützengraben. Sie müssen es in einem größeren Licht betrachten. Ich habe es schon einmal erwähnt. Wenn mir damals, als wir zum Angriff angetreten sind oder einige Zeit davor... wenn mir damals jemand gesagt hätte, dass ein Staat 35.000 Panzer hätte... ich hätte gesagt: Guter Mann, Sie sind wahnsinnig, Sie verdreifachen ja alles..."

Die Besprechung brach an dieser Stelle ab und es folgte ein stundenlanger Monolog. Hitler, der 1941 auf eine schnelle Entscheidung gepocht hatte und alle kriegswirtschaftlichen Aspekte in den Wind geschlagen hatte, begann erneut, die versammelten Offiziere mit einer komplexen Ausführung über die Überlegenheit der Waffentechnik zu narkotisieren. Dass man die Blitzkriege, immerhin ausgeführt mit Spielzeug-Panzern, nur durch viel Glück und herzlich unmotivierte Gegner wie die Franzosen oder kleine Staaten gewonnen hatte, schien er vergessen zu haben.

Irgendwann driftete auch der loyalste Zuhörer ins Abseits. Die Entscheidung über den Zeitpunkt des Angriffs blieb hingegen ungewiss…

Orel, Nordabschnitt des Frontbogens, Heeresgruppe Mitte, 2. Juli 1943

In die kargen Weiten des Kriegsgebiets schritten wir – das Gesicht von Schmutz und Erschöpfung gezeichnet – durch den Staub, der von den vorbeifahrenden Fahrzeugen aufgewirbelt wurde. Die letzten Monate hatten ihre Spuren hinterlassen – eine endlose Abfolge von Nächten im Schützengraben, der dumpfe Klang von Artilleriefeuer und die ständige Begleitung von Kameraden, die dann plötzlich ihr Leben ließen. Doch an diesem Tag, an dem die Sonne müde über dem Horizont hing, sollte sich etwas ändern. Wenigstens hatte uns die Kälte verlassen. Auch der Staub und die brütende Juli-Hitze vermochten auf das Gemüt zu schlagen, aber nichts war das gegen eine eisige, kräftezehrende Kälte und einen blizzardartigen Wind, der einem im Freien jedes Denken zu vernebeln vermochte.

Die ersten wilden Gerüchte hatten bereits die Runden gemacht, aber ich hatte gelernt, vorsichtig mit Hoffnung umzugehen.

Als die ersten Eisenbahnzüge am Horizont auftauchten, verharrte ich, die Augen zusammengekniffen, um die ferne Silhouette zu entziffern. Die Sonnenstrahlen spiegelten sich auf den blanken Oberflächen der Panzer wieder, die in Reih und Glied auf den Waggons waren. Hochmoderne Kriegsmaschinerie, die ich bisher nur aus Berichten kannte, rollte nun vor unseren Augen. Ich war wie gelöst.

Ein Murmeln und Raunen breitete sich aus und wurde zu einem leisen Jubel, als sich die Realität vor uns entfaltete. Hochmoderne Panzer, glänzend und einsatzbereit, reihten sich auf den Eisenbahnwaggons vor uns auf. Dies waren nicht nur monströse wie schlagkräftige Fahrzeuge; es waren Hoffnungsträger, Symbole einer Veränderung, die wir so dringend brauchten und an die wir uns klammerten.

Am Sammelpunkt der Panzer hielten auch unsere Marschkolonnen schließlich an. Eine Prozession von Panzern, makellos und einschüchternd, tat sich vor uns auf. Ich starrte fasziniert auf die glänzenden Maschinen. Es war schwer zu glauben, dass diese hochmodernen Kriegsgeräte nun Teil unserer verwitterten und reichlich erschöpften Armee werden sollten.

Mein Herz bebte leicht, als die Panzer schließlich einer nach dem anderen entladen wurden, von den Waggons rollten und sich die Besatzungen daneben aufstellten. Ein Blick auf die Gesichter meiner Männer sagte mehr als tausend Worte – die Erschöpfung der vergangenen Monate wich einem neuen Gefühl, einer Mischung aus Energie und Erneuerung. Und es waren ja nicht nur die schon viel besungenen neuen Tiger und Panther. Hier gab es plötzlich wieder Sturmgeschütze und Maultiere und Schützenpanzer. In Reih und Glied waren solche simplen Behelfsfahrzeuge wie die Marder plötzlich zu Hunderten aufgereiht. In den vergangenen Monaten hatten wir es als Gabe empfunden, wenn wir nur einen zur Verfügung hatten. Auf einmal war alles wieder in Bewegung. Die ganze Schlagkraft unserer Rüstungsindustrie manifestierte sich in einem Bild des Aufbruchs. Ganz wie in den alten Tage: Es ging wieder vorwärts!

Ein Oberst stieg aus einem der Waggons und näherte sich. Seine Uniform war makellos im Kontrast zu den zerschlissenen Gewändern von uns, denjenigen, die bereits seit Monaten im Kampf standen. Der Offizier salutierte und ich erwiderte die Geste unsicher. Eine Mischung aus Ehrfurcht und Skepsis lag in seinen Augen, obwohl ich gar nicht wusste, was er eigentlich wollte. Dennoch dachten wir gewiss dasselbe.

„Werden wir also wirklich Unterstützung bekommen?"

Der Offizier nickte ernst.

„Ja. Diese Panzer sind die Spitze der Technologie – unsere Antwort auf diese düsteren Zeiten. Die Besatzungen bestehen nur aus erfahrenem Alt-Kader. Nun hat man ihnen, den besten Männern, auch das beste Werkzeug in die Hand gegeben. Wir haben endlich wieder zur Hand, was wir brauchen, um zu erfüllen, was man von uns verlangt."
„Auf die Art tue ich das gerne, Herr Oberst. Wir werden Sie zu Fuß unterstützen, wo wir können."
Er brach fast in Gelächter aus.

„Mein lieber Feldwebel, ich danke Ihnen, aber das wird ja wohl nicht nötig sein. Diese Panzer, die schlagen alleine die Bresche. Die Infanterie räumt nur auf mit allem, was sich dann noch regt. Und zu Fuß gehen müssen Sie auch nicht mehr. Auch die Infanterie hat jetzt wieder Gefährte. Niemand muss mehr zu Fuß gehen wie unter Napoleon."
Mit einem etwas verächtlichen Blick ließ er mich stehen. Meine Männer blickten etwas erstaunt. Mit einem Mal bekam ich Zweifel. Waren diese Leute nicht doch etwas zu vertrauensselig mit ihren neuen Spielzeugen? Aber ich wischte diesen Gedanken dann doch fort: Inmitten der Trostlosigkeit und des Verlusts hatte ich nicht mehr zu träumen gewagt, daher sollte ich nicht ausgerechnet jetzt zweifeln. Nicht jetzt! Jetzt standen wir vor einer Armada von Panzern, die wie eine Antwort auf unsere stillen Gebete wirkten. Diese Eisenbahnzüge hatten nicht nur Panzer geliefert, sondern auch Hoffnung, eine

Ressource, die in den Wirren des Krieges oft knapper war als jede Munition.

Ich fragte mich tatsächlich, ob meine Männer so erschöpft waren wie ich. Doch in ihren Augen spiegelte sich eine Mischung aus Entschlossenheit und Vorfreude wider. Dies sollte der Tag sein, an dem sich alles wenden würde und das hatte nichts damit zu tun, dass Hitler dies zum zehnten Mal in diesem Monat beschworen hatte.

Die Landschaft draußen verriet keine Spur des Krieges. Keine Krater im Boden und kein Himmel, der von Rauchschwaden durchzogen war. Eine eintönige, friedvolle Landschaft aus Kornfeldern und endlosen Weiten, ein beinahe friedliches Bild, hier irgendwo in Südrussland. Aber gewiss, ich konnte den Blick meiner Männer spüren, die aus den schmutzigen Fenstern starrten und die Konfrontation erahnten.

Ich blickte auf die Silhouetten marschierender Infanterie und sich vorwärts schleppender Panzer am Horizont, als die Sonne sich langsam über dem leidigen Land senkte.

Plötzlich surrte es hinter uns und ein Brummen schwoll an. Dann blickte ich direkt in eine Wand aus Eisen, die hinter uns vorbei zu ziehen schien. Die Fahrzeuge machten auf mich einen höchst seltsamen Eindruck. Irgendwo ähnelten sie den Tigern, aber es waren andere Fahrzeuge mit einer grässlichen länglichen Formgebung und unförmigen länglichen Kanonen, die sich auch nicht schön schwenken ließen, sondern mit einem mechanischen Ruck plötzlich den Winkel änderten. Auch schienen die Fahrzeuge fast im Boden zu versinken und wenn der Untergrund plötzlich fester wurde, so schwankten diese kopflastigen Dinger bedrohlich auf und ab. So tanzte die eigentümliche Formation an uns vorbei.

3. Juli 1943, abends, Orly bei Brjnask

Sanft untermalte der Gesang der Landser die Stimmung der Abendsonne. Über die Felder verteilt standen an die 3.000 Soldaten und lauschten der Feldmesse. Der Vorabend der Schlacht hüllte das Lager in eine angespannte Stille. Die Männer hatten sich um einen improvisierten Altar aus Munitionskisten versammelt, während der Militärkaplan – die Robe nur schlampig über die Uniform geworfen – immer mehr mit sich selbst beschäftigt war und die Predigt mehrmals von vorne begann. Die untergehende Sonne warf lange Schatten über das Feld und die Atmosphäre war geprägt von gedämpftem Murmeln der Gebete.

„Kameraden, in diesen schweren Zeiten kommen wir zusammen, um Trost und Stärke zu suchen. Möge Gottes Segen auf uns herabkommen und uns in der bevorstehenden Schlacht leiten." Die müden, abgenutzten Gesichter hörten nicht wirklich aufmerksam zu. Die Worte des Pfarrers prallten an ihnen ab und seine Gebete verbanden die Männer in ihrem gemeinsamen Streben nach Hoffnung und Schutz eher mit einer Totenmesse.

„Inmitten der Dunkelheit des Krieges suchen wir das Licht der Hoffnung. Lasst uns unsere Herzen und Gedanken erheben, während wir uns auf die Herausforderungen vorbereiten, die vor uns liegen", fuhr der Pfarrer fort.

Ich blickte skeptisch zu Müller, dem es anscheinend ähnlich schwerfiel, dem Ganzen zu folgen.

Direkt neben der gespenstischen Messe hatte man einige Panzer III aufgereiht und mit Blumen und Kränzen rund um die Türme geschmückt – Segen inklusive.

Die Feldmesse wurde von einer Mischung aus Respekt, Ehrfurcht und einer undefinierbaren Spannung begleitet. Ich wusste, dass die Religion vielen

Menschen in dieser Zeit Kraft gab. Und auch mein Vater hatte mir das aus dem letzten Krieg bestätigt. Auf den Staat hatte sich damals niemand verlassen und das taten die Leute wohl auch heute nicht. Erst recht nicht auf die Partei. Vor mir knieten einige Männer auf dem unebenen Boden nieder, ihre Köpfe gesenkt, während der Pfarrer Worte des Trostes und der Ermutigung sprach. Den Meisten allerdings erschien die Szenerie irgendwie fern.

„Wir beten für unsere Kameraden, die nicht mehr bei uns sind, für ihre Familien, die den Schmerz des Verlustes tragen. Möge Gott ihnen Frieden schenken und unsere Herzen mit Entschlossenheit füllen", sagte der Pfarrer und ein Hauch von Schwermut legte sich über die versammelten Soldaten.

In der Abenddämmerung als die letzten Strahlen der Sonne den Himmel in warmes Orange und Rot tauchten, schlossen wir die Feldmesse mit einem gemeinsamen Gebet. Der Pfarrer segnete erst die Männer und dann die Panzer. Dann warf er sich noch einmal auf die Knie und bat um Gottes Schutz in der kommenden Schlacht.

Als die Messe endete, erhoben sich die Männer langsam und verstreuten sich im Lager. Die Worte des Pfarrers blieben in der Luft hängen und ein Gefühl von Gemeinschaft und Hoffnung durchzog die Reihen der Soldaten.

„Wer glaubt, der wird nicht gerichtet. Wer nicht glaubt, ist schon gerichtet! Vergesst nie, dass der deutsche Soldat als christlicher Europäer kämpft. Wir wissen, was wir verteidigen und haben eine Kraft hinter uns, die der Feind nicht hat und nicht für ihn kämpft. Mit diesem Schwert und Schild kann der deutsche Soldat nicht verlieren!"

Wenig später sah ich mir meinen neuen Zug an. Ich stand auf einer leichten Anhöhe und betrachtete die Männer, die nun unter meinem Kommando standen. Sechs Gruppen zu je zwölf Mann hatten sich formiert und ihre Blicke waren auf mich gerichtet. Es waren Veteranen darunter, aber leider auch viele neue, junge Gesichter.

Unteroffizier Gerd Müller, mein kampferprobter Freund aus zwei Jahren Ostfront, stand mir als stellvertretender Zugführer wieder zur Seite. Er kam schon grinsend, eine auffallend verdreckte MP geschultert, auf mich zu.

„Hein, das sind unsere Männer. Kampferprobt und entschlossen, so wie du es dir wünschst", sagte Müller mit einem festen Händedruck und einem Nicken in Richtung der versammelten Einheit.

Die Männer – die einen in ihren abgenutzten Uniformen und mit den Spuren des Krieges auf den Gesichtern und die anderen völlige Grünschnäbel – salutierten respektvoll.

Ich erkannte die Mischung aus Erfahrenheit und jugendlichem Eifer in den Reihen meiner Einheit und nahm mir fest vor, dies nicht zu meinem Nachteil werden zu lassen.

„Kameraden, wir haben eine schwere Zeit vor uns. Der Krieg mag manchen gezeichnet haben, aber wir stehen zusammen und werden diese Herausforderungen gemeinsam meistern."

Jetzt zog ich den versiegelten Brief aus der Tasche, wo er seit zwei Wochen bereits war. Es war uns freigestellt worden und ich überlegte lange, denn ich war gewiss kein Freund der Führung mehr. Dennoch hielt ich es für falsch, den Männern die Worte vorzuenthalten.

„Soldaten! Mit dem heutigen Tage tretet ihr zu einer großen Angriffsschlacht an, deren Ausgang kriegsentscheidende Bedeutung haben kann. Euer Sieg muss in der ganzen Welt noch mehr als früher die Überzeugung verstärken, dass jeder Widerstand gegen die deutsche Wehrmacht am Ende doch vergeblich ist. Darüber hinaus wird eine neue schwere russische Niederlage den an sich schon in vielen Verbänden der sowjetischen Wehrmacht schwankenden Glauben an die Möglichkeit eines bolschewistischen Erfolges noch mehr zerstören. Gezeichnet Adolf Hitler."

Die Männer hörten aufmerksam zu, während ich versuchte die Stärken und Erfahrungen der Männer abzuschätzen. Jeder hatte eine Geschichte und manche Blicke verrieten mir eine mir selbst ganz ähnliche Stimmung, die auf den Sieg, aber nicht mehr ganz so viel auf unsere oberste Führung setzte.

„Na, Müller, du wirst mir doch wohl eine große Stütze sein?"

„Zu Befehl, Herr Feldwebel."

Er musste fast schmunzeln. Nach zwei Jahren zusammen waren wir wie Brüder, konnten uns blind aufeinander verlassen und gingen mittlerweile auch recht freundschaftlich miteinander um. Bloß hatten wir in der Blutpumpe von Reschew 1942 den Großteil unserer Männer verloren. Vom Bug bis dorthin waren wir eine Truppe gewesen. Sogar das rückblickend absolut idiotische Unternehmen Taifun, also den Sturm auf Moskau im Winter, hatten wir überlebt. Nun waren wir beide die letzten *Alten* und bekamen eben immer öfter junges Gemüse unter unser Kommando.

„Männer! Heute Ausrüstung überprüfen und dann der Abend zur freien Verfügung. Morgen gibt es eine Überraschung!"

4. Juli 1943, Orel

Die Sonne spiegelte sich unscheinbar auf der matt lackierten Panzerung, als die gewaltigen Fahrzeuge in Position rollten. Ein dumpfes Grollen durchzog die Luft, als die Kanonen mit einem ohrenbetäubenden Donnern ihr Feuer eröffneten. Die Erde bebte unter ihren Ketten und die Schüsse hinterließen

Rauchschwaden, deren Pulverdampf bald in der Morgenluft hing. Die Zielscheiben und Attrappen, die fern am Horizont aufgestellt waren, verwandelten sich schnell in Staubwolken. Die Hartziele waren nicht einmal wirklich zu erkennen, weil diese Panzer auf wahnwitzigen Entfernungen wirken konnten.

Die Männer hatten nun einen Einblick in die Technologie und die Stärke, die auf dem Schlachtfeld eine entscheidende Rolle spielen sollten.

„Kameraden, möge diese Vorführung uns daran erinnern, mit welchen Herausforderungen wir konfrontiert sind. Aber wir werden standhalten und gemeinsam gegen die Barbarei ankämpfen", rief ich, während die Männer noch immer die beeindruckenden Silhouetten der Tiger und Panther Panzer betrachteten.

Der Anblick der Panzer hatte meine Entschlossenheit nur weiter bestärkt und wir alle waren bereit, uns den kommenden Herausforderungen zu stellen.

Just in diesem Moment geschah etwas, das mir nicht so recht war.

Ein leises, stetiges Zischen schwoll an, dessen Ton sofort in den Ohren schmerzte und im nächsten Moment hob uns ein markerschütternder Krach fast aus den Knobelbechern. Ich wandte mich um und gleich zwei der Panther standen in Vollbrand.

Die Besatzungen liefen hilflos mit Tüchern und Löscheimern herum.

Das Schießen war zu Ende.

Binnen Minuten fielen beide Raubkatzen dem Raub der Flammen zu Opfer, während jeder versuchte, sich selbst und die restliche Ausrüstung nebst der anderen Panzer möglichst in Sicherheit zu bringen.

Wir hatten davon gehört, dass es *Kinderkrankheiten* bei den neuen Modellen gab, aber mit so etwas hatte ich freilich nicht gerechnet.

Meine Männer machten ein schockiertes und reichlich verwirrtes Gesicht.

Ich behalf mir – fatalerweise, wie ich erst später einsah – damit, die Sache herunter zu spielen, weil ja sowieso die Infanterie die Mutter des Krieges sei und die Panzer bestenfalls unsere Rückendeckung. Dennoch ahnte ich, dass dies kein Zeichen für einen guten Anfang war.

5. Juli 1943, Orel

Die Nacht hüllte den Schützengraben in eine undurchdringliche Dunkelheit, die nur vom fahlen Licht des Mondes durchbrochen wurde. Absolute Stille legte sich über uns wie ein unsichtbarer Mantel. Die einzigen Geräusche waren das leise Murmeln des Windes und ab und zu das ferne Dröhnen der Artillerie, die ihr Werk bereits begonnen hatte.

Ich konnte den Druck der Dunkelheit spüren, als ich mich vorsichtig auf einen schmalen Absatz des Schützengrabens setzte, meinen Blick auf die kaum sichtbare Linie des Horizonts gerichtet. War man beschäftigt, so berührten einen auch schlimmste Dinge nicht. Aber die Stille, die Stille machte die eigenen Gedanken schnell zum großen Feind.

Ein leiser Seufzer erreichte meine Ohren und ich wandte mich um.

Dort saß einer meiner Kameraden, Mannhart, sein Blick ins Nichts gerichtet, als ob er versuchte, die Unsichtbarkeit der Nacht zu durchdringen.

„Schlaflos?", fragte ich leise, um die Stille nicht zu stören.

Er zuckte leicht zusammen, als er bemerkte, dass ich mich genähert hatte.

„Ja, Herr Feldwebel. Ich wollte nur…"

Er bemerkte wohl, dass ich ihn nicht maßregeln wollte.

„Ich kann einfach nicht abschalten. Das Warten und die Ungewissheit sind wie ein schwerer Stein."

Ich setzte mich neben ihn und starrte ebenfalls in die Dunkelheit.

„Geht mir doch genauso. Keine Sorge. Wir alle tragen diese Last. Es lässt niemanden unberührt."

Ein Seufzen entrang sich seiner Kehle.

„Ich frage mich nur, wie lange wir das noch ertragen können. Die Stille in der Nacht ist so drückend."

Die Worte hingen schwer in der Luft und ich spürte den Schmerz, der zwischen diesen Zeilen vibrierte. Es war schwer, Trost inmitten dieser ausweglosen Situation zu finden. Ich hatte oft den Erzählungen meines Vaters aus dem Ersten Weltkrieg gelauscht, von tödlichen Stahlgewittern, oft monatelang von Eintönigkeit und Langeweile, dem absoluten Gar Nichts unterbrochen. In Zeiten der Blitzkriege wäre mir nicht eingefallen, selbst in so eine Lage zu kommen.

„Manchmal frage ich mich, ob wir jemals wieder Normalität erleben werden. Zuhause, aber auch an der Front. Das ist kein Krieg mehr. Das ist… irgendetwas anderes geworden", fuhr er fort, als ob er seine Gedanken teilen wollte, bevor sie ihn innerlich zerfressen konnten.

Nun schweifte er mir doch zu sehr ab.

Ich legte meine Hand sanft auf seine Schulter.

„Wir müssen weitermachen, solange wir können. Der Krieg wird nicht ewig dauern. Es wird ein Ende geben und wir werden wieder ein normales Leben führen. Aber aufzugeben, bevor wir besiegt sind, wird uns eine schlimmere Niederlage einbringen als die, die uns die Russen erst abringen müssen. Die sollen nur kommen, dann gibt's einen auf den Deckel."

Ich versuchte ihn ein wenig aufzuheitern.

Er nickte nachdenklich, aber der Ausdruck in seinen Augen verriet, dass die Worte nicht alle seine Sorgen vertreiben konnten.

Wir verharrten in peinlichem Schweigen, unsere Blicke in die Ferne gerichtet, während die Nacht ihren undurchsichtigen Schleier über uns breitete.

Die Nacht hing schwer über dem Gefechtsfeld, als ein Dröhnen und Krachen plötzlich den Himmel über uns zerfetzte. Das Knattern von Maschinengewehren und das Wummern von Explosionen folgten in rascher Abfolge und binnen Sekunden standen wir im Inferno.

Mannhart und ich befanden uns nahe dem Unterstand, als die ersten Bomben fielen. Das Chaos brach aus und wir spürten die Hitze der Explosionen, die alles um uns herum einschlugen.

Die Nacht war schwarz wie Tinte und der Himmel war vom Feuerschein der brennenden Fahrzeuge erhellt.

Das Knistern von Flammen und das Krachen von einstürzenden Strukturen umgaben uns, als wir durch die Stellung rannten. Ich konnte den Geschmack von Rauch in der Luft spüren und unsere Schritte hallten durch die Nacht, begleitet vom ohrenbetäubenden Lärm der Zerstörung.

Die Sicht war nahezu null und wir konnten kaum etwas erkennen. Die einzige Orientierung boten die Lichter der Feuer, die unseren Weg wenigstens ein wenig erhellten.

Plötzlich hörten wir fremde Stimmen und Schüsse zerrissen die Dunkelheit.

Instinktiv duckten wir uns hinter die Grabenwand und rannten weiter. Gelegentlich feuerten wir in die Richtung, aus der die Schüsse kamen, doch wir konnten kaum ausmachen, ob wir jemanden trafen.

Im Angesicht der Dunkelheit und des Chaos rannten Mannhart und ich weiter durch die Laufgräben.

Die Nacht verschlang unsere Sicht und wir rannten, getrieben von der Angst und dem Überlebensinstinkt durch die Dunkelheit.

Die Männer meines Zuges waren bereits in Stellung und schossen auf erkannte Gegner.

Die Nacht fraß die Welt. Überall brannten Wracks und die Luft war erfüllt von einem ständigen Crescendo des Krieges. Der Himmel selbst schien sich in eine Hölle verwandelt zu haben und wir waren nur Schatten, die im Angesicht der Dunkelheit ihren Platz suchten.

Immer wieder rief ich meinen Männern ermunternde Worte zu.

Mannhart und ich rannten Seite an Seite, aber mit einem instinktiven Drang, dem Schrecken zu entkommen. Unsere Atemzüge schmerzten im Qualm, während wir durch Ruinen und Trümmer stolperten. Jeder Schritt war ein Akt des Überlebens, jeder Augenblick ein Kampf gegen das Unbekannte.

Plötzlich zerriss ein ohrenbetäubender Knall die Luft, gefolgt von einem blendenden Lichtblitz. Der Boden bebte unter unseren Füßen und eine Druckwelle schleuderte mich zu Boden.

Als ich mich aufrappelte, war Mannhart verschwunden.

Die Welt um mich herum verschwamm in einem verzerrten Nebel und ich tastete mich durch die Dunkelheit, rufend nach meinem verschwundenen Begleiter.

Der Rauch und Staub machten die Luft undurchsichtig und ich konnte kaum etwas sehen. Panik schlich sich in mein Herz, als ich mich allein in der Finsternis wiederfand. Ich rief nach Mannhart, doch meine Stimme verschluckte sich im Chaos des Artillerieüberfalls. Die flackernden Flammen tauchten die Umgebung in gespenstisches Licht, während ich mich durch den Bereitstellungsraum kämpfte.

Die feindlichen Granaten und Raketengeschosse waren weiterhin präsent – unerbittlich und unsichtbar wie Geister in der Dunkelheit.

Ich lief, ohne zu wissen, wohin, nur getrieben von der verzweifelten Hoffnung, dem Tod zu entkommen. Der Boden war uneben und meine Schritte waren unsicher. Irgendwo im Dunkel lauerten wahrscheinlich Feinde, die ich nicht sehen konnte.

Die Stille der Nacht wurde immer wieder von zufälligen Schüssen und meinen eigenen hastigen Atemzügen durchbrochen. Die Verzweiflung wuchs mit jedem Moment, während ich versuchte, einen klaren Gedanken in diesem Albtraum zu fassen. Mein Herz hämmerte in meiner Brust.

Ich schleppte mich in den Kompaniegefechtsstand, um Informationen zu bekommen. Anscheinend wussten die Sowjets von unserem Angriffszeitpunkt und zerschlugen nun vor unserem Angriff unsere Bereitstellungsräume mit einem massiven Artillerie- und Luftbombardement.

Der Boden bebte und eine Erschütterung durchdrang den feuchten, stickigen Unterstand. Kies rieselte bereits von der Decke.

Der Staub der einstürzenden Wände hing schon in der Luft und das metallische Klappern von Ausrüstung und das Fluchen der Kameraden mischten sich mit dem ohrenbetäubenden Lärm.

„Verdammt, was passiert denn hier?", rief jemand in der Dunkelheit.

Die Worte verloren sich im infernalischen Tumult.

Das wollte ich nicht länger abwarten. Ich tastete mich durch den Unterstand, meine Hände suchten nach meiner MP, die irgendwo im Durcheinander lag. Der Boden zitterte bei jedem neuen Einschlag, als wäre die Erde selbst von Wut geschüttelt.

Ich verließ schließlich den Unterstand wieder, erreichte die Oberfläche und stolperte hinaus in ein ausgewachsenes Chaos. Der Himmel war von beißendem, süßlichem Rauch verdunkelt und die Überreste unserer Unterstände ragten wie Trümmer aus der zerfurchten Erde.

Die Kameraden rannten hektisch umher. Sie versuchten, sich vor den Granaten zu schützen und warfen sich in Gräben, Deckungslöcher oder Bodenwellen. Die Schreie der Verletzten vermischten sich mit dem endlosen Donnern.

Es fühlte sich an, als ob der Krieg selbst uns alle verschluckt hatte.

5. Juli 1943, 3:30 Uhr, Nordabschnitt bei Orel

Die Nacht hüllte das Schlachtfeld in undurchdringliche Dunkelheit, als um 3 Uhr morgens ein massives Trommelfeuer die Stille durchbrach. Der Boden erbebte unter den wütenden Erschütterungen der Geschosse, die mit unerbittlicher Kadenz auf ihre Ziele niedergingen.

Eine Staffel JU88, von der Ferne kaum erkennbar, warf ihre tödliche Fracht über den Gräben der Sowjets ab. Die Bomben hinterließen grelle Feuerbälle, die den Nachthimmel in eine apokalyptische Kulisse verwandelten. Blitze zuckten über den Nachthimmel.

Langsam begann die Sonne am Horizont aufzusteigen. Ihre ersten zarten Strahlen enthüllten das Ausmaß der Verwüstung. Das Bombardement hatte die Schlacht eröffnet.

Die Nacht wich langsam dem blassen Licht des Morgens, als ich in meine kleine Pfeife blies und mein Zug sich aus den Schützengräben erhob, bereit, um in die erste feindliche Linie zu stürmen. Der Boden war vom frühmorgendlichen Beschuss aufgewühlt und wegen des verfluchten Regens standen schon überall die Trichter randvoll mit Wasser. Die Männer, von der Erschöpfung der vorangegangenen Stunden im Stahlgewitter schon gezeichnet, formierten sich zu einem entschlossenen Keil und stürmten in Richtung der feindlichen Stellungen.

Ich führte meine Gruppe mit eiserner Entschlossenheit und die Landser stürmten vorwärts, getrieben von dem unbändigen Willen, den Feind aus dem Graben zu werfen.

Kaum waren wir über die erste Kuppe, entfaltete sich schon das Chaos. Handgranaten wurden geworfen, Bajonette trafen auf Gewehrkolben und der Schrei der Verwundeten gellte durch den Morgen. Wie im schlimmsten Szenario des Ersten Weltkrieges schlugen sich Männer mit Klappspaten den Schädel ein oder schossen aus nächster Nähe mit der Pistole aufeinander. Manche lagen verkeilt aufeinander und man konnte Freund und Feind kaum unterscheiden.

Meine eigene Wahrnehmung verschob sich in so einem Moment immer auf das Hier und Jetzt. Ein Feind tauchte vor mir auf, sein Blick voller Entschlossenheit. Ich riss die MP hoch. Er war ein bisschen zu langsam. Von einer Salve getroffen, sackte er zusammen. So ging es immer weiter. Das Adrenalin pulsierte durch meine Adern und ich fühlte einen wunderbaren Rausch der Bestätigung, als die ersten Panzer IV über den Graben setzten und damit begannen, die Russen auf voller Breite unter Feuer zu nehmen.

Der Sturm auf die ersten feindlichen Gräben hatte gerade erst begonnen, als sich die Sowjets schon zum Gegenangriff formierten. Hektische Befehle wurden ausgetauscht, während wir versuchten, uns auf den kommenden Gegenangriff vorzubereiten. Die Männer positionierten unser 42er genau in Längsrichtung, die Karabiner fest in den Händen, die Anspannung in der Luft spürbar. Der Rauch der vorangegangenen Kämpfe hing wie ein Schleier über dem Schlachtfeld und die Sonne, die sich langsam über den Horizont schob, tauchte die Szenerie in ein unwirkliches, bedrohliches Licht.

Der Gegenangriff begann mit einem donnernden Granatenwerferbeschuss, der Gott sei dank ins Leere lief, gefolgt von ganzen Wellen abgesessener Infanterie, die stur Welle für Welle in unsere Kugeln liefen. Der Nahkampf flammte erneut auf, als es einige wenige doch über die Grabenwand schafften. Schnell waren an die 20 Landser auf dem schlammigen Boden verteilt und prügelten mit bloßen Händen auf Rotarmisten ein, die ihrerseits nicht einmal im Tod aufgaben, sondern mit starrem und entschlossenem Blick aus dieser Welt gingen.

Plötzlich durchschnitt ein markantes Dröhnen die Luft. Die Männer meiner Gruppe hoben ihre Blicke und ein Funke der Hoffnung flackerte inmitten des Chaos auf.

Die Panther, die beschworenen Symbole der überlegenen deutschen Panzertechnologie, eröffneten das Feuer. MG-Feuer und Granaten flogen mitten in die anstürmenden Russen hinein, von denen nichts blieb. Wir sahen staunend zu, auch wenn es wirklich kein schöner Anblick war, wenn einzelne Menschen von mehreren MGs gleichzeitig quasi zersiebt wurden.

Die Panther Panzer rückten beharrlich vor. Ihre massiven Ketten hinterließen tiefe Spuren im aufgewühlten Boden und ich hatte schon Sorge, sie würden sich am Ende festfahren. Ihr Stahlmantel und ihre imposante Erscheinung wirkten wie eine unaufhaltsame Woge der Zerstörung. Die Russen gerieten in Panik und zerstreuten sich.

Während der Feind sich zurückzog, blieb eine Spur der Verwüstung. Die Panther hatten die Szenerie dominiert und uns den Tag gerettet. Es war schon beeindruckend, diese ganz und gar vollendeten Panzer in Aktion zu sehen. Sie pflügten neben uns durch die Weizenfelder und waren bald schon wieder am Horizont verschwunden. Wir aber standen noch zwischen all den zerfetzten Toten und den umgepflügten Schützengräben und ich fragte mich, ob wir nicht Gefahr liefen, in die nächste sinnlose Materialschlacht zu geraten.

5. Juli 1943, Weiler südlich von Orlowo

Ich gab sachte die Handzeichen weiter. Der Russentrupp lief uns jetzt auf dem Waldweg genau vor die Rohre. Nur die Russenpanzer mussten noch ein wenig näher kommen. Als sich die T-34 endlich aufgereiht hatten, zog ich die LP. Ein Leuchtstrahl schoss in den Himmel. Die Russen zuckten zusammen, rissen die Köpfe und die Gewehrläufe nach oben. Die erste Gruppe stürmte auf die Straße und bestrich den überraschten Trupp mit Feuer und… nichts geschah.

Einen schrecklichen Moment lang glaubte ich noch an Verzögerung, dann durchfuhr mich ein abscheuliches Gefühl.

Und dann knallte es.

Aber von der Gegenseite!

Staub und Dreck spritzten herum und die arme Schützengruppe wurde im Kanonendonner zerfetzt. In Panik gingen die anderen Schützen alle hoch und liefen unkoordiniert davon. MG-Garben zogen durch den Wald und erwischten manche. Die anderen verschwanden im Dickicht.

Ich stürzte zurück zum Funktrupp, doch bevor ich ihn noch erreicht hatte, fuhr eine Granate nur knapp vor uns in den Wall. Der Funk-Gefreite wurde von mehreren Splittern erwischt, das Sendegerät zerschlagen.

Ich stürzte weiter. MP, Tornister, alles verlor ich unterwegs. Ich hastete über Stock und Stein durch das Dickicht. Links und rechts konnte ich verzweifelte Schützen ausmachen, die davon stürmten. Diese zu sammeln, wäre sinnlos gewesen.

Dann knallte es noch einmal.

An der Stelle, wo ich den Panther vermutete, stieg eine schwarze Rauchsäule in die Höhe. Doch das verdammte Ding war gar nicht in Schussrichtung. Die Mühle stand fast senkrecht am Beginn des Abhangs. Der Turm wies steil nach oben. Der Feind hatte also auf den Unterboden wirken können.

Ob meiner Beobachtung war ich wohl doch zu lange am selben Fleck verharrt, denn die nächste Ladung, die nur knapp neben mir einfuhr, blies mir erst einmal die Kerzen aus.

7. Juli 1943, Soborowak

In der Dunkelheit brach die Stille eines kleinen Ortes, als eine meiner Gruppen, insgesamt acht Soldaten, geräuschlos durch die engen Gassen vordrang. Die Mission war klar: Die leidigen Scharfschützen eliminieren und den Ort endlich einnehmen. Ich selbst führte die Gruppe an.

Schon durchzuckte das Zischen von Kugeln die Luft. Der Russe war natürlich bereits darauf vorbereitet. Ein intensives Feuergefecht entbrannte. Das Echo der Schüsse hallte durch die verschlafenen Straßen.

Meine Gruppe kämpfte mit eiserner Entschlossenheit, doch der Preis war zu hoch. Zwei der Kameraden fielen sofort. Die verbliebenen Sechs kämpften weiter, ein verzweifelter Kampf gegen die Russen, die sich geschickt im Schatten versteckten.

Ich wusste, dass das eigentlich der helle Wahnsinn war, aber wenn dieser Dominoeffekt so eintreten konnte, dann mussten wir es eben durchziehen.

Ich lud die MP durch, nahm allen Mut zusammen und sprang direkt vor die drei Rotarmisten auf die

Straße. Ich sprühte sie mit meiner MP ein und ohne Gegenwehr lagen alle drei danieder.

Rasch griff ich die PPsh des einen, als ich bereits aus dem Augenwinkel erhaschte, wie ein T-26 auf dem Feldweg wendete und quer über die Weizenfelder auf den Kommandoposten zusteuerte, den die Besatzung wohl für die Ursache des Überfalls hielt.

Schnell sprang ich zurück in den Straßengraben und hastete wie verrückt – allen Dornen zum Trotz – zurück zu jenen Sträuchern, wo die Kompanie einen Panzerbekämpfungstrupp platziert hatte. Als hätten diese schon darauf gewartet, sprangen sie genau, als ich dort ankam heraus und liefen wie völlig von Sinnen auf den T-26 zu.

Die Russen hätten wohl nie damit gerechnet, einfach von Vorne attackiert zu werden. Schnell flogen die leuchtenden Fähnchen und der T-26 rollte schwarz qualmend zur Seite. Die Besatzung lief einfach davon. Ich schoss ihnen etwas unmotiviert nach, traf aber nicht. Egal, der Panzer war erledigt, die Falle gelegt.

Weiter, nur weiter!

Ich griff mir die jugendlichen Panzervernichter und wir hasteten zurück zum Ortsrand.

Müller lag noch immer mit einer Gruppe in der lächerlichen, zerwühlten Stellung am Dorfplatz. Niemand schien sich die Mühe gemacht zu haben hier nachzusteuern, aber immerhin hatten sie nun ein neues Funkgerät.

Ich hätte ihm für die riskante Aufteilung des Unternehmens gerne was erzählt, aber stattdessen grinste mich Müller nur an und deutete auf den Nordrand des Ortes.

In einiger Ferne, fast nicht mehr zu sehen, zogen T-34 fast in Paradestellung seelenruhig vorbei.

„Ich glaube nicht, dass wir das noch mal so machen sollten."

„Das wirst du dir jetzt nicht aussuchen", Müller drückte mir etwas unsanft die Leuchtpistole in die Hand.

Ich lugte vorsichtig hinter der morschen Mauer hervor, während sich Müller und der Rest der Gruppe im Schatten der zerwühlten Stellung verborgen hielten.

Die T-34 zogen seelenruhig am Nordrand des Dorfes vorbei und ich konnte das Grinsen auf Müllers Gesicht förmlich spüren. Das Funkgerät in dieser Gruppe war zwar ein kleiner Sieg, aber diese unnötig riskante Aufteilung der Truppe nagte an mir.

„Hein, du kümmerst dich um die Panzer", sagte Müller und drückte mir dabei unsanft eine Hafthohlladung in die Hand. „Wir müssen hier raus und das ist deine Chance."

Ich nickte knapp, obwohl ich mir nicht sicher war, ob diese *Chance* nicht gleichzeitig meine Fahrkarte ins Jenseits war. Dennoch konnte ich Müllers Augen nicht ignorieren, die mich förmlich aufforderten, mutig zu sein.

Ich schlich mich behutsam durch die engen Gassen des Dorfes, in denen der Lärm der vorbeiziehenden Panzer widerhallte. Mein Herz klopfte wie wild, als ich mich dem ersten T-34 näherte. Ich konnte das metallische Grollen seines Motors hören, ein unheilvolles Dröhnen aus der Hölle.

Mit zittrigen Händen befestigte ich die Haftladung am Panzer. Der kalte Schweiß stand mir auf der Stirn, als ich zurückwich und die Zündschnur zog. Sekunden fühlten sich wie Stunden an, bevor die Explosion den Nachthimmel erhellte und einen ohrenbetäubenden Lärm verursachte.

Die übrigen T-34 wurden aufmerksam und hielten an. In der plötzlichen Stille konnte ich mein eigenes keuchendes Atmen hören. Doch Müllers Grinsen von der zerwühlten Stellung aus signalisierte, dass die Ablenkung gelungen war.

Die Truppe nutzte die Verwirrung, um sich aus der misslichen Lage zu befreien. Müller nickte mir anerkennend zu und ich schloss mich der Gruppe wieder an.

Die Straßen des kleinen Dorfes bebten unter dem dumpfen Grollen der heranrollenden Panzer. Ich duckte mich in den Schatten einer halb zerstörten Mauer und beobachtete, wie weitere Stahlkolosse in den Ort einmarschierten. Es war, als ob die Hölle selbst losgelassen worden war, aber wir hatten einen Plan.

Die Männer um mich herum waren regungslos, geduldig wartend, bis die Panzer sich tief genug ins Dorf gewagt hatten. Die Anspannung in der Luft war greifbar, als wir darauf hofften, dass die Feinde den Köder schluckten.

Müller warf mir einen kurzen Blick zu und ich verstand. Es war Zeit zu handeln.

Die Panzer fuhren langsam durch die engen Gassen, als wäre der Ort ein Spinnennetz, in das sie sich verfangen hatten.

Mein Puls beschleunigte sich, als ich mich leise bewegte und die Artillerieeinheit per Funk anforderte. Jede Sekunde fühlte sich wie eine Ewigkeit an, während die Männer um mich herum in Deckung blieben und auf den richtigen Moment warteten.

Die Antwort der Artillerie kam in Form eines ohrenbetäubenden Donners. Der Himmel über uns erleuchtete sich, als die Geschosse auf die Panzer herabregneten. Die Explosionen zerrissen die Dunkelheit und ließen den Boden erzittern. Rauch und Staub hüllten die Straßen ein, während die Panzer in Flammen aufgingen.

Der Feind war überrascht und überwältigt und wir nutzten die Gelegenheit, um aus unserer Deckung zu treten und die Verfolgung aufzunehmen.

Der Klang von zerberstendem Metall und das Flackern der Flammen begleiteten uns, als wir durch die Straßen liefen.

Müller nickte mir anerkennend zu und ich spürte eine Mischung aus Erleichterung und Stolz. Der Plan hatte funktioniert und die feindlichen Panzer waren nichts mehr als rauchende Wracks.

Die Nacht hüllte das Flussufer in ein undurchdringliches Dunkel, als die Kompanie sich in Stellung begab. Der Fluss rauschte leise und irgendwo quakten die Frösche, während wir in beklemmender Stille verharrten. Der Auftrag war klar: Mit nur einer zugewiesenen 7,5 cm-Pak 40 sollten wir einer Flut von feindlichen Panzern standhalten, bis Unterstützung eintraf.

Die Panzerabwehrkanone wurde behutsam in Position gebracht. Das kalte Metall glänzte im schwachen Licht der Sterne.

Die Männer meines Zuges schlichen sich durch die Uferzonen und suchten Deckung in hastig ausgehobenen Schützengräben und Schützenlöchern.

In der Ferne rasselten schon die Motoren.

Der ganze Zug hielt gefühlt den Atem an, als die Umrisse der feindlichen Streitmacht langsam im Dunkel erschienen.

Gespannt warteten wir darauf, dass die Iwans endlich in Schussweite kamen.

Die feindlichen Panzer rollten heran. Es waren überwiegend T-26.

Ich gab den Befehl an den Geschützführer, die Pak zu richten und abzufeuern. Der donnernde Knall zeriss die Stille der Nacht und das Carbid-Geschoss der Pak 40 durchschnitt die Dunkelheit mit einem Feuerschweif. Einem der Tanks riss es sofort den Turm weg. Dieser bohrte sich bei einem anderen Panzer in die Ketten.

Doch die Übermacht der feindlichen Panzer schien unaufhörlich. Die übrigen Panzer nahmen nicht einmal Notiz und rollten einfach weiter.

Die Ladeschützen wuchteten neue Granaten in die Panzerabwehrkanone und jeder Schuss war jetzt ein Kampf gegen die Zeit.

So ging das die ganze Nacht. Vor und zurück, bis sich die Russen irgendwann zurückzogen und die meisten von uns versuchten, einen kurzen Moment der Ruhe zu finden.

Die Nacht wich langsam den ersten zarten Strahlen des Morgenlichts, als sich das Schlachtfeld in einem trügerischen Frieden zu wiegen schien. Friedlich lag der Fluss vor uns und Sonnenstrahlen tanzten in der Spiegelung. Doch die Ruhe war trügerisch, denn mit den ersten Sonnenstrahlen brach eine neue Welle des Angriffs über das Flussufer herein. Feindliche Infanterie, im Schutz der Dunkelheit herangekommen, stürmte plötzlich auf die Stellungen zu.

Wir – aufgeschreckt und vom nächtlichen Kampf ermüdet – richteten uns mühsam auf und hatten alle Schwierigkeit, die erste Welle mit bloßem Gewehrfeuer abzuwehren.

Ich eilte zu einem schweren Maschinengewehr, das vorbeugend in der Nähe positioniert war. Der Gurt klemmte. Der Schütze 1 fingerte an seiner Waffe herum, bekam die Störung aber nicht beseitigt.

Ich riss mit aller Gewalt daran und irgendwie bekam ich das verdammte Ding frei und das MG hämmerte los. Die Kugeln sausten durch die Morgenluft und trafen angreifende Infanterie, die gerade am Abhang hinunter wollte.

Neben mir brachen die Landser einer nach dem anderen blutend zusammen.

Die feindliche Infanterie wurde am Ende irgendwie gestoppt. Mit jedem abgewehrten Angriff schien der Zug an Stärke zu gewinnen. Aber die Toten, die am Ende schon übereinander lagen, raubten uns den Verstand.

Irgendwann begriff ich, dass die Russen nie aufhören würden.

Wir gingen auf die Höhe der Straßenbrücke zurück. Der Fluss rauschte leise unter uns, während ich mich darauf einstellte, dass nun wohl Panzer folgen mussten. Und es kam, wie ich es mir gedacht hatte: Der Lärm von Motoren und metallisches Knattern kündigten das Herannahen einer feindlichen Kolonne an.

Müller – mit einem Molotowcocktail in der Hand – beobachtete gespannt den Horizont.

Der Moment der Konfrontation näherte sich und die Anspannung lag schwer in der Luft, als die ersten Konturen eines T-34 am Horizont erschienen.

Mit einem Nicken gab ich das Signal und einer seiner Männer reichte ihm einen zweiten brennenden Molotowcocktail. Kein erwartetes Höllenfeuer explodierte, als die Molotowcocktails auf dem gepanzerten Koloss einschlugen. Die Flammen züngelten nur gierig über die Panzerung und der Panzer, von den lodernden Flammen umhüllt, geriet kurz ins Stocken, doch er blieb nicht stehen! Erst nach einer weiteren unheilvollen Minute gab irgendetwas im Inneren des Monsters mit einem infernalischen Zischen doch nach und das Mistding hielt an.

Die triumphierende Atmosphäre währte nicht lange und wurde jäh von einem ohrenbetäubenden Donnern zerstört, als Granatfeuer auf das Flussufer niederging.

Ich spürte die Druckwelle der Explosionen. Die Luft war mit Rauch, Staub und Schutt gefüllt.

Panik ergriff die Männer, als sich MG-Feuer aus einer feindlichen Stellung auf sie richtete.

„Wir müssen hier raus! Das MG hält uns fest!", rief ich, während meine Grenadiere versuchten, sich aus der Schusslinie zu bewegen.

Müller, auf einmal von wilder Entschlossenheit getrieben, suchte nach einem Weg, um den Männern Deckung zu bieten.

Unter dem prasselnden MG-Feuer hechteten wir zu einem nahegelegenen Schützengraben. Der Boden bebte unter den Detonationen, als ich mich duckte und versuchte, irgendwo Schutz zu finden.

Ein weiteres Granatgeschoss schlug in der Nähe ein und ich wusste, dass es Zeit war zu handeln. Mit einem letzten Blick auf die verbliebenen Kameraden gab ich Müller den Befehl zum Rückzug. Das MG-Feuer der feindlichen Stellung durchsiebte die Umgebung, als die Männer eilig den Schutz des Schützengrabens suchten. Der feindliche Granatenhagel hatte unsere Verteidigungslinien durchbrochen und die Männer, die ich gerade noch angeführt habe, lagen nun verstreut und zerschlagen in der Gegend. Ein Kamerad, dessen Name ich vor wenigen Augenblicken noch gerufen hatte, lag reglos neben mir.

Ich kroch weiter, weg von der verfluchten Brücke, die gerade noch ein Hoffnungsschimmer gewesen war. Ich versuchte meine Schützen im Blick zu behalten, die alle Mühe hatten noch davon zu kommen. Der Straßengraben bot wenig Schutz, aber war alles, was noch blieb. Der Klang von Stiefeln auf dem Asphalt verriet mir, dass die Russen näherkommen würden. Die Panik erfasste mich, als ich instinktiv nach meiner MP griff.

Die ersten russischen Soldaten tauchten auf der Brücke auf, ihre Silhouetten von der aufgehenden Sonne gespenstisch beleuchtet. Mein Herz pochte laut, als ich die MP abfeuerte. Die Kugeln zischten durch die Morgenluft und die Soldaten taumelten. Einige von ihnen fielen zu Boden, andere suchten in panischer Hast Deckung. Die Schüsse brachen ab und ich nutzte den Moment der Verwirrung, um weiter in den Straßengraben zu flüchten.

Mein Atem ging schwer, als ich mich tiefer in den Straßengraben duckte. Dieser flache Abwassergraben bot nur begrenzten Schutz, als plötzlich Panzermotoren zu hören waren.

Mein Herzschlag setzte aus, als ich instinktiv meinen Blick nach oben richtete. Eine Reihe von gleich zehn Panzer IV tauchte am Horizont auf, ihre Ketten knirschten auf dem Schotter. Mit ohrenbetäubendem Donner spuckten die Geschütze Feuer und Tod. Die Russen machten kehrt.

Ich nutzte den Moment der Verwirrung, um mich weiter in den Straßengraben zu flüchten. Die Panzer IV schoben sich hinter ihrer Feuerwalze vorwärts.

Meine Gruppe fand sich nach und nach im Graben ein.

Müller deutete mir nur mit einigen Handzeichen, mich wieder auf das Flussufer zu fokussieren.

Mein Blick huschte über das Schlachtfeld. In der Ferne tauchte ein bedrohliches Rudel von T-34 auf, begleitet von gefühlt 100 T-70 Panzern. Es hörte einfach nie auf. Der Russe, so brutal und motiviert wie immer, schien keine Pause zu kennen. Unsere Führung hatte es noch nie einsehen wollen. Jeder Russe ist ein russischer Soldat.

Die T-70 Panzer versuchten verzweifelt in einem Sturmlauf die Brücke zu überqueren, doch die meisten von ihnen wurden von den präzisen Schüssen der Panzer IV sofort abgeschossen. Die mächtigen Geschosse trafen ihre Ziele mit vernichtender Kraft und die kleinen Panzer wirkten wie Spielzeuge, die von einer unsichtbaren Hand zerdrückt wurden. Viel blieb nicht übrig.

Die Szene entfaltete sich als grausames Schauspiel, bei dem die T-34 und T-70 Panzer trotz ihrer Übermacht den gewaltigen Geschützen der Panzer IV nichts entgegenzusetzen hatten. Wenn doch einmal ein Gefecht härter wurde, so kurvten die Wehrmacht-Panzer den Russen einfach aus. Wie damals schon überwog die bessere Taktik und die Ausstattung mit Funk jede Überzahl. Die Panzer IV bewegten sich annähernd synchron über das Schlachtfeld, änderten gemeinsam die Richtung, gaben sich gegenseitig Deckung. Nie war einer dem anderen im Weg. So zerschlugen sie die Russen und waren schon wieder im Sprung zu weiterem Durchstoß, während die Überreste der zerstörten Iwan-Panzer am Flussufer verstreut liegen blieben.

Das tobende Inferno erreichte seinen Höhepunkt, als die Panzer IV entschlossen auf eine weitere Gruppe von heranstürmenden T-34 losgingen. Es gab keinen Raum für Gnade, kein Zögern in dieser mörderischen Auseinandersetzung. Staub und Rauch vermengten sich, während Metall auf Metall traf. Panzerkämpfe waren nicht wie ein Tennismatch, bei dem einen ein Netz schützte. Jeder Treffer konnte das Aus bedeuten und oft hatte ich erlebt, dass ein schon brennender Russen-Panzer noch einen letzten Schuss abgab, bevor es ihn selber erwischte und dieser letzte Treffer auch den betreffenden Deutschen mit in den Untergang nahm.

Die T-34 – robust, mächtig und keinesfalls solche Blechdosen wie ihre kleineren Vorgänger – erwiderten die Angriffe der Panzer IV auf das Heftigste. Überall knallt es und der Lärm des Gefechts schien die Welt zu verschlingen. Uns blieb nicht viel übrig, außer die Köpfe unten zu lassen, damit uns ja kein Querschläger traf.

Keine Seite zeigte Gnade, keine Seite gab nach. Der Kampf war ein wütendes Ringen um Dominanz, bei dem sich die Panzer teilweise auf kürzester Distanz beschossen. Inmitten dieses brutalen Schlagabtauschs suchte jeder Panzer nach der entscheidenden Lücke im Panzerblech des Gegners. Die Russen waren nun schon so nah, dass sie zu ihrer alten Taktik übergingen und versuchten, die Panzer IV zu rammen und einen davon hätten sie auch fast bis in den Fluss geschoben.

Dann jedoch setzten die Panzer IV unter heftigem Feuer freiwillig zurück und überließen das andere Ufer wieder den Russen. Einer nach dem anderen zog sich über die Brücke zurück. Die Rotarmisten blickten zunächst nur verdutzt, während ihre Panzer das Schießen einstellten. Wir nahmen sie von unserem Graben so gleich wieder unter MG-Feuer.

Ich konnte mir aber ebenfalls keinen Reim darauf machen, was die Panzer IV plötzlich zum Rückzug bewogen hatte.

Plötzlich schienen es aber auch die Russen zu bemerken. Einige sprangen in den Fluss, also genau auf uns zu, die anderen liefen davon. Die Tanks setzten zurück, aus einigen sprang in Panik die Besatzung heraus und wählte ebenfalls den wahnwitzigen Weg in den Fluss.

Dann brach der Tod aus dem Himmel hervor. Dreckfontänen spritzten aus dem Erdboden und ein tödlicher Rhythmus aus Erschütterungen, Knallern und berstendem Metall begann sich vor uns zu entfachen. Die Russen-Panzer verschwanden in einer Feuerwand, während unsere Focke-Wulf 190er ihren Sturzflug längst abgefangen hatten und in die Ferne davon sausten.

Die Überreste der zerstörten Panzer bildeten ein trauriges Bild der Verwüstung und der Rauch der Schlachtflieger hüllte das Schlachtfeld in eine triste Atmosphäre des Chaos.

Die Focke-Wulf 190 flogen weiter, ihre Motoren brüllten. Doch selbst in diesem Moment des scheinbaren Sieges war die Stille der Verwüstung allgegenwärtig.

Wir brauchten diesen ganzen Zinnober, um voranzukommen. Das war keine Offensive. Das war ein

Vorwärtsgraben durch jede Menge russisches Blech, durch Fleisch und Blut. Wir mussten uns jeden Meter teuer erkaufen. Wir mussten uns immer den Weg freischießen und es hatte uns immer Blut gekostet.

Das aber war anders. Jeder Meter musste mit einem unglaublichen Aufwand erst erreicht werden. Wir steckten den Aufwand, der früher für Wochen gereicht hätte, in Angriffe, die wenige Minuten dauerten. Das war auf Dauer, ohne Zweifel nicht durchzuhalten.

Mit der Bedrohung durch die Schlachtflieger im Hintergrund zogen sich die restlichen T-34 Panzer zurück.

8. Juli 1943, an der Bahn Richtung Ponyri

Der Morgen brach an, als die ersten Sonnenstrahlen sich zaghaft über den Horizont schoben. Mein Körper fühlte sich schwer an, als ich mich aus meiner notdürftigen Schlafstelle erhob. Die Ereignisse der vergangenen Nacht hallten noch immer in meinen Gedanken wider und ich spürte die Erschöpfung bis in die Knochen.

Als ich mich zurück zu meiner Einheit begab, konnte ich bereits von Weitem erkennen, dass sich etwas verändert hatte. Die vertrauten Gesichter meines alten Trupps fehlten und an ihrer Stelle sah ich eine Gruppe junger Soldaten, die sich um einen älteren Unteroffizier scharten. Ein unbehagliches Gefühl legte sich über meine Schultern.

Der Unteroffizier, ein erfahrener Mann mit Spuren von Krieg und Zeit auf seinem Gesicht, wandte sich mir zu.

„Hein, da bist du ja. Wir haben dich schon erwartet."

Verwirrung überkam mich, als ich mich der Gruppe näherte.

„Wo sind die anderen? Was ist passiert?"

Der Unteroffizier seufzte schwer und deutete auf die jungen Gesichter vor mir.

„Die anderen sind weg, Hein. Verschollen... Naja. Wir haben nicht viel Zeit für Erklärungen. Das ist deine neue Truppe. Du bist jetzt ihr Anführer."

Mein Herz schien für einen Moment auszusetzen. Ich blickte in die Augen der jungen Männer, die vor mir standen. Sie waren kaum älter als ich selbst und doch trugen ihre Gesichter bereits die Spuren von Anspannung und Unsicherheit.

„Äh, guten Tag", stotterte ich unsicher. „Ich bin Feldwebel Hein Bretano. Ihr neuer Zugführer, scheinbar. Ich wusste nicht, dass ich jetzt nur mehr Halbzüge führe."

Die Jungs tauschten unsichere Blicke aus und ich konnte ihre Unsicherheit förmlich spüren.

Der ältere Unteroffizier unterbrach die angespannte Stille.

„Ihr werdet ab jetzt nur mehr ihm folgen. Er weiß, was er tut. Wir haben keine Zeit für lange Einführungen."

Mit diesen Worten wandte sich der Unteroffizier ab.

„Los geht's", sagte ich schließlich und versuchte, meine eigene Unsicherheit zu überspielen.

Die Gruppe setzte sich in Bewegung und ich führte sie durch die Schatten des Krieges, während die Sonne über dem zerstörten Horizont aufging. Unsicher, was die Zukunft bringen mochte, marschierten wir weiter in eine ungewisse Realität, in der die Last der Verantwortung auf meinen Schultern ruhte.

Die Sonne stand nun hoch am Himmel, als wir uns an einem etwas geschützten Ort niederließen, um die Ausrüstung zu überprüfen. Die jungen Männer wirkten übermotiviert, ihre Gesichter strahlten eine Mischung aus Nervosität und Vorfreude aus. Ein ungewohnter Anblick inmitten der düsteren Kulisse des Krieges.

Ich ließ meinen Blick über die Reihen der jungen Soldaten schweifen, während sie ihre Ausrüstung auspackten und begannen, sie sorgfältig zu überprüfen. Frische Uniformen, neue Helme – es war, als ob sie in eine andere Welt eintauchten, in der der Krieg nur eine ferne Bedrohung war.

„Also, Jungs", begann ich und versuchte, eine gewisse Ernsthaftigkeit in meine Stimme zu legen. „Lasst uns eins klarstellen: Das hier ist kein Spaziergang. Krieg ist kein Spiel."

Die jungen Männer nickten, aber ihre Blicke zeugten von einer Unschuld, die ich längst verloren hatte. Ihre Uniformen waren makellos, ihre Stiefel kaum abgenutzt. Ich fühlte, wie die Schrecken des Krieges in meinen Augen lagen, während ich ihre optimistischen Gesichter betrachtete.

„Wir müssen uns vorbereiten, Jungs", fuhr ich fort und nahm eine Granate in die Hand, um sie genauer zu inspizieren. „Hier draußen gibt es keine Garantien. Es gibt keine Regeln, außer denen, die ihr euch selbst setzt, um am Leben zu bleiben."

Ich sah in die jungen Gesichter, versuchte, ihnen die Realität des Krieges begreiflich zu machen. Doch ihre Augen funkelten vor jugendlichem Übermut, als hätten sie die Grausamkeiten, die auf uns warteten, noch nicht begriffen. Wie alt waren die? Vielleicht achtzehn?

„Wir sind nicht hier, um Helden zu sein", sagte ich schließlich und legte meinen Helm beiseite. „Wir sind hier, um zu überleben. Macht euch darauf gefasst, dass das hier kein Frühlingsfest wird."

Die jungen Männer nickten wieder, aber es schien, als würde meine Botschaft an ihnen abprallen. Ich sah in ihre Gesichter und erkannte darin nicht die Angst und den Respekt, den der Krieg verdiente, sondern die Aufregung, die mit der Illusion von Abenteuer verbunden war.

In diesem Moment wurde mir klar, dass meine Verantwortung nicht nur darin bestand, sie physisch zu führen, sondern auch darin, ihre Vorstellungen von Krieg zu formen. Ein Krieg, der nicht von Ruhm und Ehre geprägt war, sondern von Verlust und Trauer.

Wir packten unsere Ausrüstung zusammen und die kleine Gruppe setzte sich erneut in Bewegung. Die Sonne glänzte auf den frischen Uniformen, aber die Schatten des Krieges lagen bereits in unseren Augen. Und während wir weitermarschierten, konnte ich nicht verhindern, dass mein Blick auf die jungen Gesichter fiel – Gesichter, die noch unberührt schienen von den schmerzhaften Realitäten, die uns noch bevorstanden.

Plötzlich tauchte ein Leutnant auf, sein Blick ernst, seine Stimme fest.

„Bereitet euch vor, Männer! Wir haben den Befehl, in die Stadt einzudringen und die feindlichen Stellungen zu attackieren. Die Lage ist verdammt ernst."

„Was soll denn das auf einmal?"

„Das entscheiden nicht Sie, Mann!"

Die Aufregung in der Gruppe war greifbar. Die jungen Gesichter spiegelten nun nicht mehr nur Übermut, sondern auch eine Mischung aus Anspannung und Entschlossenheit wider.

„Wir müssen uns durch die Straßen kämpfen und die feindlichen Stellungen ausschalten. Jeder von euch weiß, was auf dem Spiel steht. Seid vorsichtig, haltet euch an eure Ausbildung und bleibt zusammen. Wir sind eine Einheit!"

8. Juli 1943, zwei Kilometer vor Ponyri

Die Szene war von einem infernalischen Lärm durchzogen, als meine kleine Restgruppe in einem Schützengraben festsaß. Der dumpfe Klang von Artillerie und das Zischen von feindlichen Geschossen füllten die Luft. Bereits zehn Panzer III, die nur Minuten vorher stolz angerollt waren, lagen nun in rauchenden Trümmern, die Panzergrenadiere, die ihre Begleitung waren, völlig zerschmettert.

Müller führte seine letzten Männer mit eiserner Entschlossenheit, doch die russische Dampfwalze war erbarmungslos. Zwei Panzerabwehrkanonen, präzise positioniert, bearbeiteten den deutschen Schützengraben unablässig. Die Erde bebte unter den aufschlagenden Geschossen, die den Staub der Verwüstung aufwirbelten. Im Schutz des Grabens versuchten die Soldaten, sich vor den tödlichen Salven zu verbergen.

Ich selbst spähte über den Rand des Grabens, mein Gesicht von Schlamm und Schweiß gezeichnet.

„Verdammt noch mal, wir brauchen Deckung!", brüllte Müller, während er versuchte, einen klaren Kopf zu bewahren.

Die Panzerabwehrkanonen feuerten weiter. Ihre Wucht schuf Krater im Boden.

Trotz der aussichtslosen Lage hielt die Gruppe standhaft durch.

Ich gab Anweisungen, koordinierte das Feuer, während die Männer beharrlich ihre Position verteidigten. Die Befehle, die ich an den Maschinengewehrschützen gab, verloren sich im Donner der Explosionen. Die feindlichen Panzerabwehrkanonen bearbeiteten uns unablässig.

„Bleibt in Deckung, haltet durch!", schrie ich, während ich mich ducken musste.

Das Maschinengewehr ratterte beharrlich.

Doch dann kam ein Augenblick der Stille und ich spürte, dass etwas nicht stimmte.

Der Maschinengewehrschütze hing plötzlich leblos an der Seite.

Das traf mich wie ein Schlag.

„Verdammt, er ist tot!", rief ich, während ich versuchte, meinen Schock zu verbergen.

In so einem Moment gab es keine Zeit für Trauer.

Ich griff selbst nach dem MG 34.

Der Iwan näherte sich weiter und ich drückte den Abzug. Die Kugeln zischten durch die Luft, alle trafen ihr Ziel. Ich muss in meinem Wahn wohl eine ganze Gruppe ausradiert haben.

Das Maschinengewehr verstummte, als ich meinen Blick auf den verlassenen Panzer III richtete, der nahe in den Trümmern stand. Ohne zu zögern, stürmte ich zu dem ehemals stolzen Gefährt und zwängte mich in die Enge des Metallungetüms. Der Geruch von verbranntem Öl und der dumpfe Klang von Feuergefechten umgaben mich, als ich mich in die mir wohl vertraute Kanzel des Richtschützen setzte.

Mit einer Mischung aus Entschlossenheit und Resignation griff ich nach den unhandlichen Steuerhebeln. Die schwere Kanone richtete ich genau auf die feindlichen Stellungen. Mein Finger legte sich auf den Abzug und der Panzer bebte unter dem Rückstoß, als das Geschoss seinen Weg fand.

Es war ein verzweifelter Akt, ein einzelner Panzer gegen die Übermacht und ich wusste, dass dies wohl mein letzter Einsatz sein würde. Die Gewissheit, dass der Tod um mich herum lauerte, hing schwer. Doch während ich die feindlichen Linien durch die schmale Schlitzaussicht ins Visier nahm, verdrängte ich jegliche Angst. Jeder Schuss, den ich abfeuerte, fühlte sich an wie eine Herausforderung an das unausweichliche Schicksal. Mein Herz hämmerte und meine Gedanken waren klar wie nie zuvor. Ich schoss nicht nur für mich, sondern für die Kameraden, die bereits gefallen waren.

Trotz der Dunkelheit des Moments spürte ich eine Art seltsamen Frieden. Vielleicht würde dieser Panzer meine letzte Ruhestätte sein, aber ich würde nicht kampflos untergehen. Der Russki mochte gewinnen, aber nicht ohne einen letzten Widerstand.

Und plötzlich hob es den oberen Teil der Flak irgendwie ein Stück. Ein Blitz zuckte über die Anhöhe und die Russen kullerten alle plötzlich den Hang herab, während sich die Stellung in einem ohrenbetäubenden Getöse in einen Trümmerhaufen verwandelte. Meine Männer zogen die Köpfe ein. Und dann noch einmal. Die drei T-34, die gerade ihre Türme auf die wohl hörbare Richtung dieses Unheils schwenkten, wurden das nächste Ziel. Ein kurzer Knall und schon hob es den Turm des vorderen aus den Angeln, welcher sich als glühender Metallklumpen durch den zweiten schälte. Mühsam verkeilt im Schrott der beiden anderen, setzte sich das dritte Monstrum in Bewegung. Er hielt aber wieder auf uns zu, statt sich dem Angriff zu widmen. Feuer, Wut und Blei spie es in unsere Richtung und die Pak-Schützen konnten sich gerade noch rechtzeitig mit einem Hechtsprung zu uns in den Graben retten, bevor sich die Einzelteile dessen, was gerade noch ihr Geschütz gewesen war, über die Heide verteilten. Und wieder krachte es. Eine eiserne Faust schien den Tank unfreiwillig zur Seite zu schieben, dann platzte die rechte Kette ab. Wie in diesem Fall üblich, kurvte der Russe daher unfreiwillig zur Seite, bevor ihn die aufgewickelte Kette zum Stehen brachte.

Ich erkannte die Chance, war mit einem Satz wieder draußen und riss meine MP hoch. Ich gab einige Garben in die Luft ab und die Russen beim Panzer wie auf der Anhöhe suchten das Weite. Alle unsere MGs spuckten Feuer, während meine Schützen aus dem Graben sprangen. Die ganze Front der Russen ergriff nun irgendwie die Flucht, geprägt von völliger Panik. Während diese nun als kleine schwarze Punkte in der Ferne verschwanden und die Panzer sich dem als wenig größere schwarze Quadrate anschlossen, durchzuckten plötzlich wieder Blitze den Himmel. Rauchschwaden stiegen auf und verschlangen die großen Pünktchen, während die kleinen zu Boden gingen.

Aus Norden sahen wir nun unsere Quadrate und es waren wirklich fast Quadrate. Aber sie fuhren und sie feuerten und die Russen flohen oder verwandelten sich in Staub. Die Tiger! Es war schon beeindruckend, wie diese etwas klobigen Raubkatzen durch die Felder pflügten und in zugegeben langsamer Fahrt Rauch und Feuer spuckten. Die Treffer waren nun gering, es war mehr ein Feuerzauber, aber die russische Abwehr war ohnehin perdu.

8. Juli 1943, Ponyri

Die Dämmerung senkte sich über Ponyri, als wir uns in einer kleinen Gruppe durch die engen Gassen der Stadt bewegten. Die düsteren, verwinkelten Straßen und die fast ausschließlich aus Holzhütten bestehende Architektur schufen eine Atmosphäre der Beklemmung. Unsere Schritte waren gedämpft, ebenso die Stimmung.

Die Information, dass eine kleine Gruppe Feinde ein Tor bewachte, erreichte uns erst, als wir uns langsam den Gassen rund um den Bahnhof näherten. Unser Plan bestand darin, die Elemente der Überraschung zu nutzen und die Wachen mit Hilfe von Spiegeln zu blenden. Wir hofften, dass sie dem Licht nachgehen und so für einen Moment ihre Position aufgaben.

In der Dunkelheit der Gassen verteilten wir uns, jeder mit einem Spiegel bewaffnet und bereit, den

Plan in die Tat umzusetzen. Die Anspannung war förmlich spürbar, als wir uns auf die kleine Gruppe Feinde vorbereiteten, die das Tor bewachten.

„Los geht's", flüsterte ich und die Spiegel wurden so ausgerichtet, dass das schwache Licht der aufflackernden Brände in die Augen der Wachen reflektierte.

Es dauerte nicht lange, bis die ersten Flüche und lauten Rufe durch die Nacht hallten. Ein kurzes Fenster der Gelegenheit bot sich uns und wir nutzten es, um uns geschickt zurückzuziehen und in den Schatten zu verschwinden.

Die Wachen schienen vorerst desorientiert zu sein. Der Flüsterton des Windes durch die Holzhütten begleitete uns, als wir uns lautlos in Position brachten, bereit, den eigentlichen Angriff zu starten. Die Dunkelheit verbarg unsere Bewegungen, während wir uns langsam den Wachen näherten, die noch immer von der Blendung durch die Spiegel irritiert waren. Meine beiden Kameraden und ich schlichen uns von der Seite heran, jede Bewegung sorgfältig abgestimmt, um die Überraschung zu wahren.

Wir näherten uns den Bewachern, die sich immer noch die Augen rieben und versuchten, sich zu orientieren. In diesem entscheidenden Moment zog ich meine Waffe und meine beiden Kameraden taten dasselbe. Der metallische Klang des Abzugs durchschnitt die Stille der Nacht, als wir gleichzeitig aus allen Rohren auf die Bewacher feuerten.

Die plötzliche Kaskade von Schüssen überraschte die Feinde. Ohne einen Moment zu verlieren, stürmten wir vor, um die Kontrolle über das Tor zu erlangen. Die übrige Gruppe unterstützte uns von vorne. Ihr Feuer lenkte die Aufmerksamkeit der Feinde ab und verschaffte uns den entscheidenden Vorteil.

Amerika greift ein, 9. Juli 1943, westlich von Sobaka

Die Sonne verbarg sich hinter ersten Regenwolken, als wir uns erneut in den Tiefen eines Schützengrabens wiederfanden. Der Geruch von feuchter Erde und abgestandenem Schweiß hing in der Luft. Heute würden keine Panzer brüllen, nur das dumpfe Knallen von Gewehrschüssen und die verzweifelten Rufe der Getroffenen hingen uns schon in den Ohren. Die Schützengräben waren ein Labyrinth aus Blut und Schweiß, aus Pisse und Schlimmerem, aus Schmutz und Holz und eines von dem man kaum wusste, ob es Schutz bot oder eine Falle war.

Wir hielten immer Ausschau nach dem Feind, der sich nur wenige hundert Meter entfernt verbarg. Jeder Schritt wurde von der bedrückenden Stille begleitet, die nur durch das ferne Donnern der Artillerie durchbrochen wurde.

Plötzlich zuckte wieder eine Salve von Schüssen. Der Russe hatte uns entdeckt. Die Gräben erwachten zum Leben, als Kameraden in Deckung sprangen und ihre Gewehre ergriffen. Überall begann es zu knattern. Infanterie gegen Infanterie – ein Kampf Mann gegen Mann. Elendiges Geschrei drang über das Schlachtfeld, während die Feindseligkeiten in den engen Gängen wüteten und Granaten explodierten.

Die Enge der Gräben führte zu einem beinahe surreal wirkenden Nahkampf, bei dem jeder Schritt vorsichtig überlegt sein musste, aber irgendwann schlug man auch nur mehr wie von Sinnen mit dem Spaten nach jedem, der über die Grabenwand gesprungen kam.

Es war ein Gemetzel, das sich über Stunden hinzog, ohne klaren Sieger. Jeder Meter Graben wurde zum Preis eines harten Gefechts erkauft. Inmitten des Chaos erkannte man kaum noch Freund und

Feind – nur Männer, die sich im Schlamm und Blut
für einen kleinen Vorteil opferten.

Der Tag verstrich in diesem endlosen Wechsel von
Schüssen, Explosionen und Geschrei und dem Geruch des Krieges.

Der nächste Morgenhimmel versprach keine Erleichterung. Der Boden bebte unter den Schritten
der nächsten Männer, die sich durch den matschi-
gen Untergrund kämpften, um ihre Stellungen zu
verteidigen und nur Minuten später schon in Stü-
cken wieder herabzusinken. Die Zeit schien in den
Gräben stillzustehen, während Männer für einen
Abschnitt, einen Hügel, einen Moment des Überlebens kämpften. Jeder Atemzug wurde von der Anspannung durchdrungen, jeder Moment von der
Gewissheit begleitet, dass der nächste der letzte sein
könnte.

Ein Grollen ging durch die Luft, als plötzlich die
Erde zu beben schien. Die dumpfen Schläge von
Ketten, begleitet vom ohrenbetäubenden Dröhnen
der Motoren, kündigten das Unheil an. Feindliche
BT-Panzer rollten auf uns zu. Jeder Gedanke an den
vorherigen Kampf Mann gegen Mann schien in der
Übermacht der Stahlkolosse zu verpuffen.

Die Tanks feuerten ihre Geschosse direkt auf die
Grabenwände ab und der Graben erbebte unter den
Einschlägen. Holzsplitter und Erdklumpen regne-
ten auf uns herab. Die Schreie derer, die getroffen
wurden, vermischten sich mit dem infernalischen
Lärm der Panzer. Der Horror des Moments schien
in der Luft zu schweben, während der Tod mit jeder
Sekunde näher rückte. Die Enge der Gräben wurde
zu einem Käfig, aus dem es kein Entkommen gab.
Die Panzer fuhren mit unerbittlicher Entschlossenheit voran. Die Männer, die sich verzweifelt an die
schmutzigen Wände klammerten, waren nur noch
Schatten im Chaos.

Ich nahm die geballte Ladung aus meinem Koppel. Doch da spürte ich die Druckwelle der Explosion, als ein Geschoss unmittelbar neben mir einschlug. Einige Sekunden lang war ich benommen und schmeckte Blut.

Im Angesicht der feindlichen Ungetüme, die unaufhaltsam näher rückten, klammerte ich mich mit Müller verzweifelt an die veraltete Panzerbüchse der Russen, die uns in die Hände gefallen war. Der schäbige Anblick des alten Geräts wirkte in diesem Moment wie ein Relikt vergangener Zeiten, ein armseliger Versuch, dem Ganzen Einhalt zu gebieten.

„Hein, das wird doch nicht ausreichen! Bist du irre? Wir brauchen mehr Feuerkraft!", rief Müller, während er mühsam die 17 Kilogramm schwere PTRD in Position brachte.

Die Panzer kamen näher. Die Geschosse der Panzerbüchse prallten kläglich an dem feindlichen Tank ab, als wären sie aus Papier.

„Hein, wir müssen hier raus! Das Ding hat keine Wirkung gegen diese Monster", schrie Müller, während er sich duckte.

Wir suchten Deckung in einem Trichter, der von einer vorangegangenen Explosion geschaffen worden war. Der klassische Panzerabwehrtrupp war schon zu Kriegsbeginn gegen die überwältigende Macht der modernen Kriegsführung machtlos geworden.

Müller und ich tauschten einen Blick des resignierten Verständnisses aus.

Diese immer geahnte, aber verdrängte brutale Realität des Krieges traf Müller mit vernichtender Wirkung, als er von einem feindlichen Splitter getroffen wurde. Der ohrenbetäubende Knall zerriss die Luft und Müller wurde zu Boden geschleudert. Schmerzensschreie vermischten sich mit dem Kampflärm, während er sich auf dem schlammigen Boden krümmte.

„Hein! Verdammte Scheiße, Hein!", stöhnte Müller, seine Hände instinktiv auf die blutende Wunde an seinem Bein pressend.

Ich lag benommen neben ihm, mein Gesicht von Dreck und Angst gezeichnet. Doch dann, als müsste ich mich selbst überwinden, richtete ich mich zitternd wieder auf.

Ich sah durch einen milchigen Schleier aus Blut, als ich getrieben von einer Entschlossenheit, die selbst die Angst übertraf, wieder auf die Beine kam. Ich stellte auch Müller wieder auf die Füße. Seine Finger umklammerten fest den verstaubten Boden und er zwang seine müden Glieder, sich zu erheben. Der eiserne Wille, der in seinen Augen aufblitzte, überdeckte den Schmerz, der durch seinen Körper pulsierte.

„Hein, warte...", krächzte Müller, doch er hatte bereits entschieden, dass er nicht länger untätig verharren würde.

Nach einem letzten Blick zu mir erhob er sich und taumelte davon.

Mit einem Hauch von Entschlossenheit und Verzweiflung nahm ich die alte Panzerbüchse zur Hand und trat den Tanks entgegen, während die Welt um mich herum in einem Albtraum aus Rauch und Staub versank.

Ein Hoffnungsschimmer durchzog das Chaos!

Die eigenen Panzer IV traten hervor, ihre Geschütze donnerten und ihre Ketten klirrten. Doch die Freude sollte nur von kurzer Dauer sein, als einer von ihnen von einem gezielten Feindgeschoss getroffen wurde und in einem infernalischen Feuerball aufging. Der Anblick riss mich aus meiner vorübergehenden Hoffnung und der Himmel schien sich erneut zu verdunkeln.

Doch die beiden verbliebenen Panzer-Besatzungen ließen sich nicht entmutigen. Mit präzisen Schüssen konzentrierten sie sich auf die feindlichen

T-34, während die Infanterie sich nur noch in einem nervösen Tanz durch den Rauch bewegen konnte. Die Schlacht tobte unterdessen weiter und über die Kadaver hinweg.

Gottlob wurden die feindlichen Panzer von den koordinierten Angriffen der verbliebenen deutschen Panzerkampfwagen umzingelt. Der Klang von Metall, das auf Metall prallte, durchdrang das Schlachtfeld, während die Panzer in einen tödlichen Balztanz verwickelt wurden. Ein weiterer T-34 ging in Flammen auf und mein geistiger Himmel klarte auf, als die eigenen Panzer triumphierend über die Szene flanierten. Ich ließ mich erschöpft zu Boden sinken. Der Kriegslärm verebbte langsam und ein Hauch von Erleichterung lag in der Luft.

Die Überlebenden sammelten sich, ihre Augen auf die rettenden Panzer gerichtet. Die Schlacht mochte vorüber sein, aber die Spuren des Krieges in Form von zerschlagenen Panzern und verwaisten Gräben erinnerten daran, dass der Preis wieder einmal viel zu hoch gewesen war.

Wir streiften durch das wüste Land. Doch als wir einigen der Wracks näher kamen, fiel mir etwas Merkwürdiges auf – mehrere feindliche Panzer trugen nicht die üblichen sowjetrussischen Markierungen und es waren auch keine T-34. Ich runzelte die Stirn, während ich den zerstörten Panzern einen prüfenden Blick zuwarf. Solche Maschinen kannte ich zwar, aber ich hatte sie noch nie vorher im Einsatz gesehen, erst recht nicht an der Ostfront.

Müller tauchte hinter mir auf. Auch er sah es jetzt viel klarer und näherte sich den zerfetzten Ungetümen mit schreckgeweiteten Augen.

Müller, noch immer von der vorherigen Verwundung geschwächt, beugte sich vor und betrachtete die Überreste der feindlichen Panzer. Die Sowjets bekamen mehr und mehr Hilfslieferungen durch die westlichen Alliierten – auch modernstes Gerät.

Meine Männer schwiegen einen Moment lang, ihre Blicke auf die feindlichen Panzer gerichtet. Der Krieg hatte eine neue Facette gezeigt, eine, die sie nun mit sich tragen mussten.

Wortlos ließen wir die abgebrannten Sherman-Panzer zurück.

10. Juli 1943, abends, südlich von Ponyri

Die Nacht legte sich über das Land, als wir in einem improvisierten Lager Ruhe suchten. Die Umrisse der Bäume verschwammen im Schatten der Dunkelheit und das Knistern des Lagerfeuers bildete die einzige Verbindung zur Realität.

Meine Gedanken verloren sich in der Dunkelheit, als ich mich auf meinen dürftigen Schlafplatz legte, die MP immer in Reichweite.

Plötzlich durchbrach ein schriller Schrei die Nacht, gefolgt von einem gewaltigen Krachen. Das Lager wurde von einem infernalischen Lärm erschüttert und wir wurden aus dem Schlaf gerissen. Adrenalin durchströmte meine Adern und ich sprang auf. Schatten bewegten sich zwischen den Bäumen und schon peitschten Schüsse.

Ein Überraschungsangriff hatte uns erfasst und bevor ich einen klaren Gedanken fassen konnte, waren wir bereits mitten in einem brutalen Kampf. Der Feind tauchte aus dem Dunkel der Nacht auf, seine Konturen verschmolzen mit den Schatten und das einzige, was wir sahen, waren die glitzernden Klingen ihrer Messer im fahlen Licht des abgedeckten Feuers.

Es wurde zu einem Kampf Mann gegen Mann, ein wildes, unkoordiniertes Ringen in der Finsternis. Ich lag selbst schnell im Kampf mit einem rotgesichtigen fast zwei Meter großen Russen, der wie ein

Wahnsinniger brüllte und mit einer Art Langschwert auf mich einstach. Nur mit größter Mühe rollte ich immer wieder links und rechts zur Seite und konnte ihn schließlich mit einem gezielten Kolbenschlag zwischen die Augen überwältigen.

Das Lager wurde zu einem verschwommenen Chaos aus Bewegungen und Geräuschen und die Grenze zwischen Freund und Feind löste sich auf. Ich hatte tierische Angst, einen Kameraden von mir über den Haufen zu schießen.

Ein stechender Schmerz durchzuckte plötzlich meinen Arm, als ich einem Hieb nur knapp auswich. Vor mir stand tatsächlich eine Russin! Sie war geschickt, ihre Bewegungen geübt und präzise. Doch ich kämpfte mit der Verzweiflung derer, die keine andere Wahl hatten. Ein wilder Überlebenskampf, der jede Faser unseres Seins durchdrang, und so musste ich auch dieser jungen Schönheit mit meinem Spaten den Schädel spalten.

Die Angreifer zogen sich irgendwann auf ein Signal hin zurück und wir blieben atemlos und erschöpft inmitten der verwaisten Kampfstätte zurück. Blut tropfte in den feuchten Lehm und das Feuer flackerte in seiner Grube wie ein zitternder Zeuge unserer nächtlichen Odyssee.

Die Stille kehrte zurück, zusammen mit dem Bewusstsein über das, was geschehen war. Unsere Atemzüge waren schwer, die Wunden schmerzten und die Dunkelheit schien undurchdringlich.

Wir zählten 18 Tote und 26 Verletzte, dabei waren es vielleicht zehn Russen gewesen, die uns überfallen hatten…

10. Juli 1943, abends in Lubakow bei Ponyri

Die Nacht senkte sich über das nicht abreißende Kriegsgetümmel, als wir den Auftrag erhielten, ein kleines Nachschublager zu infiltrieren. Der Horizont war von einem matten Glühen erleuchtet, während wir uns im Schutz der Dunkelheit anschlichen. Doch zwischen uns und dem Ziel erstreckte sich ein weitläufiges Feld, das nicht so einfach zu überwinden war.

Müller führte seine Gruppe vorsichtig über das freie Gelände, die Dunkelheit als Deckung nutzend.

Ich war mit dem Feldstecher und einem zugewiesenen MG-Trupp als Sicherung am Straßenrand verblieben.

Plötzlich zerbrach das Schweigen des Abends, als sich mit einem leisen Brummen Kradschützen näherten. Mir fuhr der Schreck in alle Knochen.

Sogleich hämmerten die MGs aus dem verdammten Nachschublager los und die Motorräder kamen zum Stillstand.

Als wir zu den Kradschützen eilten, offenbarte sich schon ein düsteres Bild. Die Schützen lagen reglos neben ihren Motorrädern im Staub, ihre Uniformen im eigenen Blut getränkt.

Ein Moment der Stille legte sich über die Männer.

Doch dann setzte ich entschlossen wieder einen Fuß vor den anderen.

„Wir müssen weitermachen. Das Lager ist unser Ziel. Wir haben keine Zeit zu verlieren."

Wir schwangen uns wieder hinter das MG und gaben sofort Feuer auf das kleine Gehöft, das als Nachschublager diente.

Müllers Männer schlichen weiter über das Feld, die restlichen Gruppen flankierten das Gehöft links und rechts. Der Wind trug das leise Rascheln ihrer Schritte fort. Offenbar hatten die Russen sie nicht bemerkt. Die einsetzende Dunkelheit verschluckte sie. Der Tod war nah, doch der Wille zu überleben trieb sie voran.

Im Schutze der Dunkelheit schlichen wir uns näher an das Nachschublager heran. Die Umrisse zeichneten sich schwach gegen den nächtlichen Himmel ab. Einer der Männer, bewaffnet mit einem Schießbecher für seinen Karabiner, näherte sich zusammen mit seinen Kameraden behutsam, ihre Schritte weiter gedämpft, um nicht aufzufallen.

Die Wand des Hauses schien wie eine undurchdringliche Barriere, die zwischen ihnen und ihrem Ziel stand.

Das Russen-MG wirkte immer noch in unsere Richtung, traf aber nicht. Wir schossen mittlerweile absichtlich daneben, um unsere Leuten nicht zu gefährden, aber sie auch nicht zu verraten.

Ein Augenblick der Stille durchzog noch die Nacht, bevor der Schießbecher sein tödliches Geschoß ins Innere des Gebäudes freigab. Der laute Knall durchzuckte die Dunkelheit, begleitet von einem gleißenden Lichtblitz, der einige Fensterscheiben zerstieß. Das erste Geschoss traf zielsicher mit brutaler Wirkung. Sofort folgte ein zweites und drittes Sprenggeschoss. Staub und Trümmer wirbelten in der Luft, als die Männer sich hastig duckten, um der möglichen feindlichen Aufmerksamkeit zu entkommen. Die Wand des Hauses wankte, doch sie hielt stand. Wir tauschten einen besorgten Blick, bevor ich entschied, einen weiteren Angriff zu wagen.

Wild entschlossen lud der Schütze seine Waffe erneut und ein weiterer Donnerschlag erschütterte die Nacht. Der Einstieg war geschaffen und die Männer huschten durch die Tür, bereit, das Innere des Nachschublagers zu erkunden. Der Klang ihrer Schüsse wurde vom fernen Echo der Explosionen übertönt. Die restlichen Männer eilten nun von den Seiten auf das Gelände des Hofes – sie stießen merkwürdigerweise auf keinen Widerstand.

Doch zu meiner Bestürzung kamen sie plötzlich wieder herausgestürmt. Einer der Landser stand in Flammen und wälzte sich verzweifelt über den Boden. Müller, selbst blutüberströmt, stürzte mit einigen Kameraden davon. Russen tauchten im Hauseingang auf und nahmen auch unser MG unter Feuer, sodass wir uns direkt ducken mussten.

Plötzlich durchzog ein Dröhnen die Dämmerung, gefolgt von einem blendenden Lichtschein. Dann wurde das Haus in Stücke gerissen. Trümmer flogen durch die Luft.

Verblüfft und überrascht blickten wir auf die plötzliche Zerstörung. Doch dann erkannten wir die Quelle dieser gewaltigen Macht – ein Ferdinand-Panzer tauchte aus der Dunkelheit auf. Sein massives Geschütz ragte bedrohlich empor und der stählerne Koloss, den wir zuvor noch belächelt hatten, erschien uns wie ein Beschützer aus der Finsternis.

Der Ferdinand feuerte eine weitere Salve ab, dieses Mal auf feindliche Stellungen, die bisher unbemerkt geblieben waren. Explosionen erleuchteten den Abendhimmel und der Boden bebte unter der Wucht der Detonationen.

„Lassen wir den Panzer seine Arbeit machen. Dann müssen wir das Lager sichern!", rief Müller und die Männer setzten ihren Weg fort, unterstützt von der mächtigen Feuerkraft des Ferdinand-Panzers im Rücken.

Doch zu unserem Entsetzen standen die Russen aus den Trümmern wieder auf. Der Ferdinand setzte in einer fast verzweifelten Aktion zurück. Mit langsamer Fahrt und der Kanone in einem hilflosen niedrigen Winkel versuchten sie die Infanterie zu erwischen, die den stumpfen Panzergranaten einfach auswich.

Irgendwann fuhr sich der Panzer auch noch an einem kleinen Wasserloch fest. MP-Feuer blitzte noch aus einer Luke, aber schon hatten die Russen ein

Rohr herausgezogen und das Fahrzeug außer Gefecht gesetzt. Wie immer wenn dann die Brandkörper flogen, öffneten sich allerhand Luken und die Besatzung versuchte herauszukommen. Aber keiner kam besonders weit.

Es war schrecklich, dem zuzusehen und nichts tun zu können.

Mein schwer angeschlagener Zug zog sich eiligst zurück.

„Wenigstens ein MG", hatte ich Müller noch sagen hören.

Die Stukas, Ponyri, 10. Juli 1943, nachmittags

Die Sommerhitze lastete schwer auf den staubigen Straßen von Ponyri, als wir uns darauf vorbereiteten, die unüberwindbare Stellung in dem verdammten Schulhaus zu stürmen. Die vergangenen Versuche waren auf heftigen Widerstand gestoßen und wir waren entschlossen, diesmal die Oberhand zu gewinnen.

Der erste Versuch, die feindlichen Linien zu durchbrechen, begann mit meinem dringenden Funkruf nach Luftunterstützung.

Ein ohrenbetäubendes Dröhnen der Jericho-Trompeten hallte kurz darauf durch die Straßen, begleitet von der Wucht der Explosionen. Der Feind, der sich hinter den Mauern des Schulhauses verschanzt hatte, wurde von der Gewalt der Luftangriffe erschüttert. Staub und Schutt wirbelten auf, als die Wucht alles zerschmetterte.

Inmitten des Chaos wurde der Befehl zum Sturm gegeben. Unsere Männer, von der Druckwelle der Explosionen getragen, setzten sich in Bewegung. Die feindlichen Schüsse, die zuvor wie ein unaufhörlicher Regen auf uns niedergingen, waren verstummt.

Das kleine Schulhaus kam in Sicht, seine Mauern von Rauch umwoben. Die Eingangstür wurde flugs mit einem Sprengsatz hinweggefegt und wir drängten hinein. Das Innere des Schulhauses war bereits ein Trümmerfeld.

Der Raum füllte sich mit dem Knattern der Maschinengewehre und dem Zischen von Kugeln. Die Männer stürmten vorwärts, geschützt durch die Überreste der Wände, während die Luft um uns von den tödlichen Geschossen durchschnitten wurde. Es wurde schnell ein erbitterter Nahkampf Mann gegen Mann, während wir versuchten vorzurücken.

Doch dieses Mal war der Sieg auf unserer Seite. Die feindlichen Soldaten, geschwächt und desorientiert durch den verheerenden Luftangriff, konnten dem entschlossenen Vorstoß meiner Männer nicht standhalten.

Schließlich stürmten wir zu dritt voran, gaben Feuer und brachen in ihre Stellung ein.

Kaum war das MG ausgeschaltet, wurden die Russen unkoordiniert und in einem grässlichen Ringen erledigten wir einen nach dem anderen mit bloßen Händen.

Diese blutige Eroberung der Stellung markierte einen kleinen, aber entscheidenden Sieg in der langen Schlacht um Ponyri. Der Rauch auf der Straße verzog sich, als die Männer erschöpft, aber siegreich aus dem Schulhaus traten. Die Sommerhitze hing schwer in der Luft.

Die Sonne stand tief am Himmel, als wir uns erneut aufmachten, die verbliebene feindliche Stellung im Schulhaus zu durchbrechen. Der Staub der vorangegangenen Kämpfe hing noch in der Luft, als wir uns auf den zweiten Versuch vorbereiteten.

Müller und ich standen am Rande der Straße, die Blicke auf das Nebengebäude des Schulhauses gerichtet, das sich als hartnäckiger Gegner erwiesen hatte.

Ich nahm mit Müller hinter einer niedrigen Mauer Platz und wir sahen uns das in einem grässlichen Pink gestrichene Bauwerk näher an. Es sollte wohl als Wirtschaftsgebäude dienen.

„Hein, wir müssen vorsichtig vorgehen", warnte mich Müller. „Der Widerstand wird diesmal härter sein. Die haben Befehl, auf keinen Fall aufzugeben."

Ich nickte grimmig und hielt inne.

„Wir können uns nicht mehr auf Luftunterstützung verlassen. Wir müssen diese Stellung selber nehmen."

Vorsichtig hob ich hinter meinem Rücken die Hand und gab mit den Fingern einige Handzeichen. Unauffällig verschwanden ringsum die Helmspitzen hinter Mauern und Dachgiebeln.

Der Befehl zum Sturm wurde durch das Werfen einiger Nebelkerzen gegeben und alle bewegten sich in Richtung des umkämpften Hauses.

Der Widerstand war in der Tat härter. Feindliche Kugeln zischten sofort durch die Luft und das Geschrei der Verwundeten erfüllte die Szene.

Sofort blieb der Ansturm stecken. Die Männer verschanzten sich hinter einigen Gemüsebeeten aus Beton und versuchten so viel Deckung wie möglich zu finden.

„Hein, wir brauchen Luftunterstützung! Wo bleibt die!", rief Müller.

Ich zögerte einen Moment, bevor ich antwortete: „Ich denke, die haben Schwierigkeiten, die feindlichen Positionen zu identifizieren. Wir müssen vorankommen, ohne auf sie zu warten."

Wir kämpften uns vorwärts, Straße für Straße, Mauer für Mauer, einmal quer um das Haus herum. Der Widerstand schien an jeder Ecke zu lauern. Fast wäre ich in die aufgepflanzten Bajonette einer ganzen Schützengruppe gelaufen. Zu meinem Glück hatte sich Müller plötzlich in eine derartige Kampfmaschine verwandelt, dass er es verstand, den Vordersten mit bloßen Händen zu entwaffnen. Beeindruckt suchten die anderen das Weite. Müller und ich tauschten immer wieder kurze, knappe Befehle, während mein Zug durch die Trümmer vorrückte.

Als wir die Hinterseite des Hauses erreichten, brach schließlich ein intensiver Feuerkampf aus. Die Russen verteidigten sich verbissen von allen Seiten und die Männer aus meiner Einheit antworteten mit gezielten Schüssen und Feuerstößen, soweit ihre dürftige Deckung das zuließ.

Irgendwann machte jemand dem Getöse der Russen mit einigen Handgranaten ein Ende.

Man verzog sich tiefer in die Baracken-Landschaft.

Doch die erwartete Luftunterstützung blieb aus. Der Himmel blieb unverändert und nur der Klang entfernter Explosionen hallte in der Luft.

„Was ist los? Wo bleiben die Flieger?", hörte man überall, während wir uns weiter vorarbeiteten.

Immer wieder versuchte ich, meine verschiedenen Gruppen zu koordinieren, um möglichst effektiv vorrücken zu können.

„Ich weiß es nicht. Halten wir durch, Männer!"

Drei von Müllers Männern stürmten nun die Tür, jeder Schritt begleitet von der Gefahr, auf verborgene, feindliche Kämpfer zu stoßen. Wie befürchtet, wurde das dunkle Innere des Gebäudes schnell zum Schauplatz eines heftigen Nahkampfes. Granaten flogen durch die Räume, dass alle Wände bebten, Schüsse brachen in unmittelbarer Nähe, was jedem die Ohren betäubte und irgendwann war es wieder ein einziges Massaker mit den Feldspaten. Ein widerliches Menschenknäuel aus Landsern und Rotarmisten rollte über den Fußboden, alle damit beschäftigt einander umzubringen.

Müller und ich kämpften Seite an Seite. Wir versuchten, den Widerstand zu brechen und einmal warf er einen jungen Russen tatsächlich durch das Fenster.

Irgendwie schafften wir es, stark dezimiert, auf die ersehnte hintere Straße durchzubrechen, schossen auf alles, was sich bewegt, trieben die Russen den halben Ort entlang und hielten erst wieder am Löschteich.

Meine Männer waren völlig erschöpft. Die meiste Ausrüstung hatten wir verloren und vor uns war immer noch ein russisches MG-Nest.

Plötzlich dröhnte der Himmel über uns. Flugzeuge tauchten auf, die Silhouetten der ersehnten Stukas. Doch anstatt auf die feindlichen Stellungen zu zielen, schossen sie auf uns zu. Das Brüllen der Motoren wurde von dem ohrenbetäubenden Knall der Explosionen übertönt.

„Zurück, zurück!", brüllte ich, aber es war zu spät.

Die 8-Kilobomben trafen zum Glück nicht genau in die Reihen unserer eigenen Männer, sondern lagen etwas abseits, doch der Boden bebte unter der Wucht der Detonationen. Rauch stieg auf und der Gestank von Verbranntem erfüllte die Luft.

„Sofort hier raus!", rief ich, während wir uns durch den aufgewirbelten Staub tasteten.

Die Szene war ein Bild der Verwüstung. Einige unserer Männer lagen reglos am Boden, andere schrien vor Schmerzen. Ich half einem verwundeten Kameraden auf, sein Gesicht gezeichnet von Entsetzen und Trauer.

Der zweite Versuch, das Schulhaus zu erobern, endete also in einem Albtraum aus Chaos und Tod, verursacht von den Flugzeugen, die eigentlich unsere Unterstützung hätten sein sollen. Das Kriegsglück hatte sich gegen uns gewandt.

Nach dem verheerenden Zwischenfall schien die Stadt Ponyri in eine bedrückende Stille gehüllt zu sein. Wir hatten Verluste erlitten, Kameraden zurückgelassen. Das lastete schwer auf uns.

Doch Müller und ich waren von der Entschlossenheit getrieben und führten die Männer bald darauf in einen weiteren Angriff, dieses Mal auf eine kleine Werkstatt, die von bewaffneten Jugendlichen besetzt war.

Wir näherten uns der Werkstatt mit äußerster Vorsicht.

Die Flugzeuge über uns hatten diesmal den Befehl erhalten, nur Attrappen – Betonbomben – abzuwerfen. Die feindlichen Soldaten waren darauf vorbereitet und suchten wie erwartet Schutz. Es brach kein Schuss. Die Szene erinnerte an eine groteske Inszenierung des Krieges, in der die Tragödie durch die Ironie noch verstärkt wurde.

„Die wissen nicht, dass da draußen keine echten Bomben fallen. Wir müssen ihre Unsicherheit nutzen", flüsterte ich Müller zu, während wir uns an die Werkstatt heranschlichen.

Müller und die anderen Gruppenführer nickten zustimmend.

„Genau. Wir nutzen die Deckung aus und stürmen vor, bevor sie begreifen, was los ist."

Die Männer um uns herum waren angespannt. Ein leises Knirschen unter unseren Stiefeln mischte sich mit dem fernen Dröhnen der Flugzeuge über uns. Der Himmel war von einem Grauschleier überzogen, aus dem plötzlich die Stukas hervorstießen und die Betonbomben auf die umliegenden Gebäude prasselten.

Der Feind, getäuscht von der vermeintlichen Bedrohung, suchte Schutz und ging endlich von den verdammten Fenstern weg. Wir nutzten die Gelegenheit, um aus der Deckung zu treten und uns geduckt der Werkstatt zu nähern.

„Jetzt oder nie!", rief ich, als wir in einem koordinierten Sturm auf die Werkstatt zustürzten.

Die Feinde, überrascht von unserem plötzlichen Vorstoß, versuchten sich zu sammeln, aber es war zu spät. Die Männer stürmten durch alle Eingänge und ließen laufen. Viel blieb von den Jungspunden an der Tür nicht übrig.

Eigentlich hatte ich sie nur entwaffnen wollen, doch meine Männer hatten vorschnell gehandelt.

Wir stießen auf den Kommandanten der feindlichen Truppe. Er war getroffen worden und lag leise wimmernd in seinem eigenen Blut. Sein Gesicht spiegelte die Verwirrung und Furcht wider, als er erkannte, dass die vermeintliche Bedrohung nur eine List gewesen war.

Wir zwangen ihn zur Kapitulation und die restlichen Feinde im Haus ergaben sich.

In einem Akt von Menschlichkeit gebot ich unserem Sani, ihnen wenigstens zu helfen.

Die Männer um uns herum atmeten schwer, erschöpft von der Intensität des Angriffs. Aber immerhin hatten wir die Werkstatt ohne den Verlust eines einzigen Mannes erobert.

„Weiter, Männer, weiter!"

Die Männer nickten und wir richteten unseren Blick bereits auf die nächsten Herausforderungen, denn der Krieg wartete nicht und Ponyri war immer noch ein Schlachtfeld, von dem der Ausgang der gesamten Offensive abhing.

Ponyri dehnte sich vor uns aus, ein Labyrinth aus engen Straßen und verlassenen Gebäuden. Die Sonne stand tief am Himmel, ihre Strahlen warfen lange Schatten über die zerschossenen Straßen. Wir führten die Männer durch das Trümmermeer, auf der Suche nach feindlichen Stellungen, die es zu erobern galt.

Ein wenig später erhielten wir einen Panzer III zur Unterstützung. Dieser rollte voraus, sein Motor ein dumpfes Grollen, das sich mit dem Krachen von Geröll oder zerbrochenen Fensterscheiben vermischte, über die er hinwegrollte.

Die Männer bewegten sich geschickt hinter dem Panzer, die Gestalten geduckt und in Deckung. Dieses Vorgehen erschien mir mit einem Mal wesentlich schlauer, als unsere ungedeckten Schützenketten und ich machte mir Vorwürfe, warum wir nicht gleich auf schweres Gerät gewartet hatten. Die Stadt war an diesem Punkt bereits ein wüstes Schlachtfeld aus Schutt und zerstörten Fahrzeugen. Hier hatte es eindeutig bereits einen Zusammenstoß gegeben.

„Hein, halte die Männer eng zusammen. Wir wissen nie, wann der Feind zuschlagen wird", flüsterte Müller, während wir uns durch die engen Gassen bewegten.

Ich nickte, meinen Blick stets auf die umliegenden Gebäude gerichtet.

„Verstanden. Wir müssen vorsichtig sein. Jeder Winkel hier könnte noch eine feindliche Stellung verbergen."

Der Panzer III rollte weiter vorwärts, seine Kanone suchend in alle Richtungen. Ein Teil der Männer lief weiter im Windschatten des Panzers, die anderen sicherten die Straßenzüge. Wir bewegten uns von Deckung zu Deckung, die Männer dicht an den Häuserwänden entlang, bereit, auf jeden Feind zu reagieren, der sich zeigen würde.

Plötzlich brach der Panzer III vor uns durch eine Barrikade aus Trümmern. Die Männer folgten ihm, ihre Blicke auf die umliegenden Fenster und Ecken gerichtet. Jeder Schritt war ein vorsichtiger Tanz auf einem Minenfeld, bei dem der Feind hinter jeder Ecke lauern konnte.

„Vor uns am Ende der Straße! Feindliche Stellungen. Haben uns aber noch nicht gesehen", zischte einer der Männer und deutete auf eine Gruppe von feindlichen Soldaten, die vor einem Haus herumlungerten.

„In den Anschlag. Links um die Ecke", flüsterte ich leise.

Acht Mann formierten sich und liefen unter Müllers Führung los.

Kurz darauf krachte es und der übliche Lärm des Gefechts brach aus. Die Russen erwiderten das Feuer, während der Panzer III seine Kanone auf die feindlichen Stellungen richtete und das Gebäude unter Beschuss nahm. Rauch und Staub hüllten die Szene ein.

Wir bewegten uns mit den Männern vorwärts, das Knattern der Gewehre und das Grollen des Panzers vereinten sich zu einem ohrenbetäubenden Crescendo. Die Männer, geübt im Stadtkampf, nutzten Deckung und Gelände geschickt, während sie zum Feind vordrangen.

Ich war mir immer noch nicht sicher, ob jenes *Turnen*, wie wir es zu Blitzkriegszeiten gelernt hatten, wirklich Blut sparte. Getroffen wurde jedenfalls keiner.

Der Panzer III rollte weiter, seine Ketten knirschend auf dem Schotter der Straße.

Die Russen zogen sich zurück, ihre Widerstandsnester von ein wenig lieblosem Gewehrfeuer und der Anwesenheit eines Panzers zerschlagen. Wir folgten dem Panzer, die Männer atemlos, aber siegreich.

„Das war wieder unnötig knapp, aber wir haben die Straße gesichert", sagte ich, während der Staub sich langsam legte. „Straße für Straße, Haus für Haus."

Die Männer sammelten sich, ihre Gesichter von der Anstrengung des Gefechts gezeichnet. Doch in ihren Augen spiegelte sich die Entschlossenheit wider, dies nun zu Ende zu bringen.

Gerade noch rechtzeitig riss mich ein Schütze zur Seite, als uns schon das nächste MG bewirkte.

Der Panzer III Ausführung N rollte mit einem markerschütternden Dröhnen auf die feindliche

Stellung zu, die Stummel-Kanone und das Maschinengewehr bereit für den Angriff.

Müller kommunizierte kurz mit dem Kommandanten und das Maschinengewehr des Panzers eröffnete das Feuer auf die feindlichen Soldaten, die sich in einer Art Hofeinfahrt verschanzt hatten.

„Und noch mal, die Männer gehen durch die Seitengassen und umgehen die Stellung von hinten. Wir müssen sie überraschen!", rief Müller über den Lärm des MG-Feuers hinweg.

Ich nickte und gab entsprechende Befehle an die übrigen Gruppen aus.

Die Gassen des Vororts waren ein Labyrinth aus Schatten und Ruinen. Die Männer bewegten sich leise und geschickt, ihre Schritte von den Geräuschen des Panzers übertönt.

Der Feind konzentrierte sich auf die Bedrohung von vorne und ahnte wieder mal nicht, dass Gefahr von hinten lauerte. Das Maschinengewehr fegte über die feindliche Stellung. Plötzlich brach das Feuer von hinten los. Die Männer, aus den Seitengassen hervorstürmend, überraschten die feindlichen Soldaten von der Flanke. Gewehrsalven durchzogen die Luft, während die Männer sich im Nahkampf auf die feindliche Stellung stürzten. Die überrumpelten Soldaten versuchten, sich zu verteidigen, doch der Angriff von zwei Seiten war zu viel für sie.

„Stellung ist genommen!", rief jemand siegesgewiss.

In diesem Tempo mussten wir fortsetzen. Weiter, nur weiter!

Der Panzer III setzte seinen Angriff fort, die 7,5 cm KwK 37 L/24 schon auf die nächsten feindlichen Positionen gerichtet. So säuberten wir Straße um Straße. Hunderte Tote für einen Ort mit gerade einmal so vielen Einwohnern.

Wir sammelten uns in den nun befreiten Straßen, der Kampfwagen rollte langsam vorwärts. Der Erfolg des Angriffs war ein Moment der Erleichterung inmitten des Krieges, doch wir wussten, dass weitere Herausforderungen vor uns lagen. Irgendwie waren die Russen nicht zu brechen. Wir hatten bestimmt ein Dutzend Stellungen erobert, Straßenzüge gesichert, Kommandostellen zerstört und Panzer ausgeschaltet. Aber es waren einfach viel zu viele. Es wollte nicht aufhören.

Die Straßen von Ponyri waren noch erfüllt vom Geruch der vorangegangenen Kämpfe, als plötzlich das unheilvolle Grollen von Panzermotoren durch die Luft drang. Zwei T-34 tauchten aus einer Seitenstraße auf und nahmen den Panzer III ins Visier.

Die Männer um mich herum erstarrten einen Moment, während die Gefahr in Form der metallenen Ungetüme auf uns zukam. Ich hatte keine Ahnung, wieso die Aufklärung so versagen konnte, aber naturgemäß gibt es im Krieg eben eine Versicherung für gar nichts.

„Müller, wir haben feindliche Panzer! Bereitmachen zum Gegenangriff!", rief ich.

Auch der Panzer III reagierte sofort. Die viel zu kurze Kanone schwenkte auf die Angreifer und das Maschinengewehr begann ebenfalls wieder zu feuern. Doch die feindlichen Panzer setzten ihre Bewegungen ungerührt fort. Geschosse zischten durch die Luft.

Der Panzer III antwortete mit einem gezielten Schuss auf den näheren der beiden Panzer. Die Detonation erschütterte die Umgebung. Rauch und Staub stiegen auf.

Für die Infanterie war hier nichts mehr zu machen. Wir stürzten in Deckung. In meinem Kopf ratterte es, wer eine geballte Ladung dabei hatte.

Der erste feindliche Panzer schien irgendwann außer Gefecht gesetzt zu sein, aber der zweite setzte seinen Angriff fort.

„Ein Panzer ausgeschaltet, aber der andere kommt näher! Hein, wir brauchen eine Lösung!", rief Müller.

Die Männer um mich herum suchten Deckung, während der Panzer III den zweiten feindlichen Panzer ins Visier nahm. Die Spannung in der Luft war greifbar und ich überlegte fieberhaft, wie wir die Situation meistern konnten. Schließlich war der Panzer III ja nicht umsonst bei uns, statt mit den anderen bei der großen Sache. Panzer als Infanterie-Bunker. Es begann mich wieder anzukotzen.

„Haftladungen heraus!"

Der feindliche Panzer näherte sich unaufhaltsam und der Panzer III konnte nicht mehr ausweichen.

Ich hechtete zu einer Gruppe Männer und schnappte mir eine Haftladung.

„Warum schießt er nicht? Hein, wir haben keine Zeit mehr!", rief Müller.

Mit einem letzten Anlauf heftete ich die Haftladung an die Seite des feindlichen Panzers und sprang in Deckung.

Die Explosion war ohrenbetäubend, Rauch und Flammen umhüllten den feindlichen Panzer. Die Wucht der Detonation hatte ihn gestoppt und er schien schwer beschädigt.

Die Männer um mich herum jubelten, während der Panzer III seinen Angriff nun fortsetzte und das Feuer aus allen Rohren auf den geschwächten feindlichen Panzer richtete. Der Gegenangriff wurde sofort von einem ohrenbetäubenden Krachen unterbrochen. Der andere Tank, den wir bereits schwer getroffen glaubten, hatte sich scheinbar wieder gefangen und feuerte einen vernichtenden Schuss auf die Seite des Panzer III ab. Die Detonation erschütterte die Umgebung und Rauch stieg auf, als der

Panzer III von der Wucht des Angriffs einfach auseinander gerissen wurde.

„Männer, zurück zur Ausgangsstellung! Wir müssen uns zurückziehen!", brüllte ich, während die Männer in Panik gerieten und sich eilig zurückzogen.

Der Panzer III stand nun in Vollbrand, Besatzung war keine zu sehen.

Die Männer rannten durch die engen Gassen von Ponyri. Der Feind verfolgte uns gnadenlos. Die Geschosse flogen durch die Luft und die Männer suchten verzweifelt Deckung.

„Müller, sammle die Männer! Wir müssen uns eilig zurückziehen!", rief ich meinem Unteroffizier zu, während wir durch die Trümmer stürmten.

Die feindlichen Schüsse prasselten auf uns nieder, der Panzer III brannte lichterloh im Hintergrund. Die Ausgangsstellung schien unendlich weit entfernt, während wir unter Beschuss gerieten. Die Männer keuchten vor Erschöpfung, der Klang der Schüsse und Explosionen hallte in unseren Ohren wider. Plötzlich erwischte uns eine weitere Explosion und ich stolperte über die Trümmer einer einstürzenden Mauer. Müller packte mich am Arm und zog mich in Deckung.

„Hein, wir müssen weiter! Die Ausgangsstellung ist nicht mehr weit!", rief Müller und wir setzten unseren verzweifelten Rückzug fort, bis wir den als Ausgangspunkt angelegten Schützengraben erreichten.

Die Männer wurden hektisch mit Panzerabwehrrohren ausgerüstet, während wir uns in den Gräben an den Ortsrand zurückzogen. Der feindliche Panzer, der uns zuvor so verheerend angegriffen hatte, war nur einer von vielen und wir mussten vorbereitet   sein.

„Männer, geballte Ladungen vorbereiten! Wir müssen die Panzer stoppen, bevor sie durchbrechen!"

In den Gräben war ein hektisches Durcheinander von Aktivität. Die anderen Gruppen, die unsere Ablöse hätten sein sollen, steckten jetzt mit uns gemeinsam in der Klemme. Die Männer bereiteten nervös die Ladungen vor und suchten nach geeigneten Positionen, um der herannahenden Panzerflut die Stirn zu bieten. Der Klang von Ehrfurcht lag erneut in der Luft, eine Mischung aus Anspannung und Entschlossenheit.

Plötzlich wurde es laut.

„Gegenangriff von hinten! Feindliche Infanterie rückt auf unsere Position vor!"

Ich drehte mich um und sah eine Gruppe feindlicher MP-Schützen, die von Süden auftauchten. Der Gegenangriff drohte und wir waren in einer prekären Lage zwischen dem feindlichen Panzer vor uns und den feindlichen Infanteristen hinter uns gefangen.

Plötzlich dröhnte und rasselt es aus der linken Flanke heran. Ein gewaltiger Stahlkoloss schob sich näher.

Aus dem mächtigen Jagdpanzer blickte kurz ein Kopf heraus.

„Haltet uns die verfluchte Infanterie vom Hals. Wir kümmern uns um die Panzer!"

„Müller, du hast es gehört! Haltet die Infanterie auf!", ordnete ich an, während die Männer sich in Eile neu positionierten. Das lange Rohr der mächtigen 8,8 cm Pak 43/2 L/71 wurde auf die feindlichen Panzer gerichtet. Die Panzermänner zielten konzentriert. Der Klang des nahenden Gegenangriffs mischte sich mit einem stumpfen Dröhnen, als der erste Schuss abgefeuert wurde. Die Granate zischte durch die Luft und traf den Tank direkt am Turmdrehkranz. Es brauchte noch einen winzigen Augenblick, bis die Granate Wirkung zeigte, dann aber war die Explosion gewaltig. Rauch und Trümmer schossen in die Höhe. Der Panzerturm wurde heruntergerissen, die Wanne kurvte zur Seite und krachte in eine Hausruine. Der Ferdinand feuerte erneut, während der Gegenangriff von hinten näher rückte.

„Hein, die halten uns die Panzer vom Leib, aber wir brauchen Unterstützung gegen die Infanterie!", rief Müller, während die Männer meines Zuges mit vereinten Kräften die Rotarmisten unter Beschuss hielten.

Ich schickte einen Melder los und forderte dringend Unterstützung an. Die Männer, eine meiner Gruppen, die sich dem Gegenangriff entgegenstellten, berichteten von intensiven Feuergefechten auch in den Gassen vor uns. Die Situation war prekär und wir waren zwischen zwei Feuerfronten gefangen. Unvermindert ging das Gefecht weiter. Der schwere Panzerjäger war in den engen Gassen in seiner Wirkung eingeschränkt, dafür umso gefährdeter durch Infanteriekräfte.

Plötzlich sprang der Melder wieder in meine Deckung.

„Wir müssen standhalten! Die Verstärkungen kommen, aber es wird noch einige Minuten dauern!", berichtete mir der Melder keuchend.

Meine Männer kämpften unerbittlich. Die Panzerkanone donnerte, Gewehrschüsse krachten durch die Luft, während wir in den Gräben, Deckungslöchern und Mauerresten am Ortsrand von diesem elenden Ponyri standen und uns gegen die heranstürmende Gefahr verteidigten.

Es ging mir aber nicht gerade besser, als die Männer in den Gräben plötzlich den Blick auf den Horizont richteten. Eine bedrohliche Staubwolke erhob sich in der Ferne, begleitet von einem dumpfen Grollen. Eine ganze Armada aus T-26, eine Übermacht aus Feuer, Blei und wohlgemerkt fahrendem Schrott näherte sich, die unsere Position zu überrollen drohte.

„Männer, haltet euch bereit! Wir müssen demnächst einen heftigen Angriff abwehren! Und es wird nicht der letzte sein", rief ich, während die Männer nervös ihre Waffen überprüften und für alle Fälle die geballten Ladungen kontrollierten.

Die feindlichen Panzer rollten unaufhaltsam näher, drohten alles zu zermalmen, was sich ihnen in den Weg stellte. Die Männer in den Gräben verharrten gespannt, ihre Blicke auf die herannahende Gefahr gerichtet.

In diesem entscheidenden Moment tauchten plötzlich unsere eigenen Flieger am Himmel auf. Der ohrenbetäubende Klang ihrer Motoren durchschnitt die Stille, als sie sich mit großer Geschwindigkeit näherten. Ein Raunen ging durch die Reihen, als die Männer erkannten, dass Verstärkung aus der Luft nahte. Ich hätte fast geheult vor Freude.

Die Flieger setzten zum Sturzflug an und plötzlich durchzuckten Blitze die Luft. Eine Serie von Explosionen leuchtete am Himmel, als die Russenpanzer von den präzisen Angriffen getroffen und in einer Blechlawine davon gefegt wurden. Rauch, Feuer, Asche und herumwirbelnde Trümmer gingen als Regen auf uns hernieder.

„Hein, schau da oben! Unsere Flieger haben ganze Arbeit geleistet!", rief Müller euphorisch, während wir gebannt das Schauspiel am Himmel verfolgten.

Die feindliche Panzerarmada wurde in dem verheerenden Luftangriff pulverisiert. Die Männer in den Gräben konnten nur staunend beobachten, wie die Bedrohung, die kurz zuvor noch unaufhaltsam schien, in einer Serie von Explosionen und Feuerbällen aufging.

„Das war knapp, Männer. Unsere Flieger haben uns gerettet", sagte ich erleichtert, während die Überreste der feindlichen Panzer in der Ferne noch qualmten.

Auch die Panzer vor uns wurden durch den Ferdinand vernichtet oder zum Rückzug gezwungen. Die Rotarmisten zogen es ebenfalls vor, das Weite zu suchen.

Die Männer atmeten tief durch, der Klang der Explosionen verblasste und die Stille kehrte zurück. Ponyri war vorerst gerettet und wir wussten, dass wir den Feind nicht unterschätzen durften. Meine Männer lehnten sich schwer atmend gegen die Erdwälle, alle Gesichter von Schweiß und Staub bedeckt. Die Anspannung der letzten Minuten hatte ihre Spuren hinterlassen und die Erschöpfung war deutlich in den Augen der Soldaten abzulesen. Wir waren eigentlich viel zu müde, um weiterzumachen.

„Hein, das war verdammt knapp. Ich weiß nicht, wie lange wir das noch durchhalten können", murmelte Müller, während er sich gegen die Grabeneinfassung lehnte.

Ich nickte zustimmend.

„Wir sind alle am Limit, Müller. Jeder von uns hat alles gegeben. Aber jetzt keine Pause, wir müssen weitermachen."

Die Männer um uns herum ließen sich erschöpft auf den Boden sinken. Einige stützten sich auf ihre Gewehre, andere rieben sich die schmerzenden Schultern. Die Strapazen der letzten Schlachten hatten ihren Tribut gefordert und die Erschöpfung war wie ein unsichtbarer Feind, der sich in die Reihen unserer Einheit geschlichen hatte. Der Panzerkommandant verabschiedete sich und das Sd.Kfz 184 rumpelte schon zum nächsten Einsatz.

„Wir müssen uns sammeln, Männer. Wir können hier nicht sitzen bleiben. Der Feind schläft nicht und wir dürfen nicht nachlassen", sagte ich, während ich versuchte, meine eigene Erschöpfung zu verbergen.

Die Männer nickten zustimmend, standen langsam auf und sammelten sich.

Mir graute, als ich bemerkte, wie sehr sich die Reihen gelichtet hatten. Ihre Schritte waren schwer, aber der Wille weiterzukämpfen, lag in ihren Augen. Wir hatten uns bereits durch viele Herausforderungen gekämpft und diese Erschöpfung war nur eine weitere Hürde auf dem steinigen Weg nach Kursk.

„Gebt mir einen Moment", sagte Müller leise, während er sich etwas abseits hockte und versuchte, neue Kraft zu schöpfen.

Ich wandte mich zu den anderen Gruppenführern.

„Wir müssen uns auf den nächsten Angriff vorbereiten. Die Flieger haben uns zwar gerettet, aber der Iwan wird nicht so leicht aufgeben. Gemeinsam werden wir Ponyri nehmen."

In diesem Moment erreichte mich die Meldung über einen feindlichen Vorstoß und die Besetzung eines Bauernhofs am Ortsrand, welcher unabdingbar war, um die Gegend einzusehen.

Die Männer, obwohl erschöpft, richteten sich sofort auf und sammelten sich für die bevorstehende Aufgabe. Der Bauernhof war operativ wichtig als potenzieller Ausgangspunkt für jede Gefechtsfeldbeobachtung.

„Wir müssen diesen Bauernhof zurückerobern. Die Flieger sind noch nicht einsatzbereit, also müssen wir das auf dem Boden erledigen. Bereite die Männer vor", sagte ich zu Müller, während wir uns auf den Weg zum Ortsrand machten.

Die Männer folgten uns, ihre Schritte schwer, aber der Kampfgeist war ungebrochen. Der Südteil von Ponyri war irgendwie unser Zuhause geworden und wir würden es nicht kampflos den Feinden überlassen. Wir würden sie hinauswerfen und vertreiben und dann, dann könnten die Panzerspitzen endlich wieder in ihrer wilden Fahrt lospeitschen und die Russen bis hinter den Ural jagen.

Der Ortsrand lag schon im Halbdunkel, nur von vereinzelten Laternen und dem fahlen Licht des Mondes erhellt, als wir uns bereit machten.

Der Bauernhof tauchte vor uns auf, dunkle Silhouetten von feindlichen Posten waren zu erkennen, die ihre Positionen gut zu verteidigen wussten.

„Wir nähern uns vorsichtig. Keine unnötigen Schüsse, bis wir in Stellung sind", flüsterte ich den Männern zu, während wir uns durch die schmalen Gassen des Ortsrandes bewegten.

Ich hatte noch nicht wirklich zu Ende gesprochen, da lief bereits der erste meiner Schützen durch ein dürres Geäst und verursachte einen Heidenlärm.

Plötzlich hallte ein Schuss durch die Stille, gefolgt von weiteren. Der Feind hatte unsere Annäherung natürlich bemerkt und eröffnete sofort das Feuer.

Die Männer suchten verzweifelt Deckung.

„Stellung durchbrechen! Wir können nicht hier steckenbleiben!", rief Müller, während wir uns von Deckung zu Deckung kämpften.

Die Mauern der Häuser boten auch nur begrenzten Schutz. Ich ließ Panzerabwehrrohre gegen die Stellungen einsetzen, um die feindlichen Stellungen zu durchbrechen, während die Männer vorrückten. Leuchtkegel zischten herum.

„Hein, auf zum Bauernhof! Wir dürfen keinen Moment verlieren!", rief Müller.

Ich fasste ihn an der Hand, lud meine MP und wir stürmten gemeinsam auf das Ziel zu.

Die Kämpfe waren intensiv. Jede Ecke, jeder Raum im Bauernhof schien von feindlichen Kämpfern belegt zu sein. Mir war kotzübel. Ich hörte irgendwann nichts mehr. Ich funktionierte einfach. Raum für Raum, Mann für Mann, säuberten wir die Zimmer. Ich wusste selbst irgendwann nicht mehr, was und wie. Irgendwann stand ich blutverschmiert und nur mehr mit einem russischen Dolch bewaffnet in einer Art Waschküche. Doch wir gaben nicht nach und kämpften uns durch. Die Männer kämpften erschöpft, aber mit einer Entschlossenheit, die nicht zu brechen war. Schließlich erreichten wir mit der Stube das Herz des Bauernhofs. Die feindlichen Soldaten zogen sich zurück, während wir die Flagge der 4. Panzerdivision über dem Hof hissten.

Ein Moment der Erleichterung breitete sich aus.

10. Juli 1943, südlich von Ponyri

Die Szenerie wurde von einem ohrenbetäubenden Getöse erfüllt, als eine Welle von 50 bis 60 eigenen Panzern IV durch die engen Gassen von Ponyri rauschte. Wir, die sich hier schon fast auf vergessenem Posten glaubten, waren wie erlöst. Der ohrenbetäubende Lärm der Motoren übertönte jeden anderen Klang, während die Metallkolosse ihre Kanonen in Richtung der russischen Stellungen ausrichteten.

„Wir haben Verstärkung! Wir haben sie!", rief Müller, während wir versuchten, uns inmitten des Chaos zu orientieren.

„Wir müssen den Panzern Deckung geben! Sie dürfen nicht im Kreuzfeuer stecken!", rief ich den Männern zu, während wir uns hinter Mauern und Fahrzeugwracks versteckten.

Die feindliche Abwehr reagierte schnell. Panzerbüchsen wurden aus einem Wanddurchbruch abgefeuert, ein MG machte es uns unmöglich einzugreifen.

Die Panzer, die zunächst wie eine unaufhaltsame Macht erschienen, gerieten inmitten der engen Gassen tatsächlich in Schwierigkeiten.

„Hein, das wird zum Desaster! Die Panzer kommen nicht durch!", rief Müller, während die Männer versuchten, sich vor den Geschosssplittern zu schützen.

Die Panzer versuchten, sich zu formieren, aber das Chaos auf den Straßen von Ponyri war zu viel. Durch all den Unrat von niedergewalzten Sperrigeln und Stacheldrahtsperren war kein Durchkommen mehr möglich. Eine Welle aus feindlichem Flachfeuer schien den Angriff unserer Panzer vorerst zum Erliegen zu bringen.

„Wir müssen zu Fuß vorrücken!", rief ich den Männern zu, während wir aus unseren Verstecken hervorstürmten.

Die Männer schossen aus allen Rohren, während sie sich der feindlichen Verteidigung entgegenstellten. Doch dieses Mal waren unsere eigenen Panzer besser vorbereitet. Die Panzer IV hatten sich diesmal am Rand des Orts aufgestellt.

Die feindlichen Tanks rollten mit beeindruckender Geschwindigkeit vorwärts und spien schon Feuer. Doch die unseren hatten sich klug positioniert und nahmen sie sofort ins Visier. Die erste Salve brach. Die Wolfram-Geschosse zischten durch die Luft sprengten den ersten Tank sogleich in Stücke. „Hein, sie kommen nicht durch! Unsere Panzer halten stand!", rief Müller, während wir den erbitterten Schlagabtausch beobachteten.

Die Russen-Panzer versuchten verzweifelt, sich zu verteidigen und vorwärts zu kommen, aber die gezielten Angriffe unserer eigenen Panzer ließen ihnen kaum eine Chance. Metall krachte auf Metall und die Geräuschkulisse wurde schnell ohrenbetäubend. Bei ihrem lächerlichen Versuch vorwärts zu kommen, überfuhren die Russen beinahe ihre eigene Infanterie und schließlich riss der Angriff ab.

Nach einem intensiven Tag lag das Schlachtfeld übersät mit den Trümmern der glorreichen Garde-Panzerarmee. Die Überreste rauchten noch, als die eigenen Panzer sich siegreich in Position hielten. Ponyri war erneut gerettet.

„Hein, das war beeindruckend. Unsere Panzer haben den Angriff abgewehrt!", sagte Müller, während sich eine Mischung aus Erleichterung und Stolz auf seinem Gesicht abzeichnete.

Die Männer in den Gräben nickten zustimmend. Der Schlagabtausch möge noch so chaotisch und erbittert sein, aber wir waren entschlossen. Jeder Angriff wurde mit Entschlossenheit und vereinten Kräften abgewehrt und wir standen bereit, Welle um Welle, um Ponyri irgendwann endlich hinter uns zu lassen. Und dann war da endlich Kursk!

10. Juli 1943, abends, Ponyri

Der Ort lag wie eine Geisterstadt vor uns. Meine Männer schritten langsam durch die verlassenen Straßen, während sich das dumpfe Grollen der Panzer III in der Mitte des Konvois bemerkbar machte. Der Kommandant im vordersten Panzer III lehnte sich aus seinem Turm, die kühle Abendluft umspielte sein Gesicht, während er das Vorgehen aufmerksam überwachte und versuchte, mit dem Feldstecher die Gegend im Blick zu behalten.

Unsere überlebenden Männer bildeten eine schweigende Kolonne hinter den Panzern. Der Staub der eben erst von den Sturmgeschützen planierten Gebäude hing in der Luft und der Anblick der verlassenen Straßen vermittelte das Gefühl einer vergessenen Welt. Und wir, wir waren die Hüter dieser postapokalyptischen Kulisse.

Der Kommandant gab ein wenig sinnbefreite Anweisungen. Seine Stimme war durch das Dröhnen der Motoren und den Klang der rollenden Ketten hindurch ohnehin kaum zu verstehen.

„Feldwebel, sichern Sie den rechten Flügel. Folgen Sie den Panzern und bleiben Sie in Deckung", drängen seine Worte aus dem Turm.

Meine Männer nahmen ihre Positionen ein, während die Kolonne sich durch die leeren Straßen bewegte.

Im Schatten der Panzer schritten wir vorwärts, den Blick aufmerksam auf mögliche Gefahren gerichtet. Die Anweisungen des Panzerkommandanten bildeten den eigentümlichen Takt für diesen gespenstischen Marsch durch die Ruinen. Die Männer bewegten sich behutsam, ihre Sinne geschärft.

Plötzlich zerriss das ohrenbetäubende Knattern eines Maschinengewehrs die Stille. Blei prasselte auf uns hernieder, worauf die Grenadiere sich umgehend in Deckung warfen. Die Kugeln peitschten durch die Luft, schlugen in Mauern und Pflastersteine ein, während die Männer verzweifelt Schutz suchten.

Mitten in diesem Chaos erkannte der Kommandant im vordersten Panzer III die Quelle des feindlichen MG-Beschusses. Sein geschulter Blick identifizierte ein kleines rotes Haus links voraus, aus dem die tödlichen Salven kamen. Ohne zu zögern, gab er den Befehl, aus allen Rohren das Feuer auf das feindliche Versteck zu eröffnen.

Die 5 cm-Granaten der Panzer III fuhren auf das kleine rote Haus und ihre Pulverschwaden durchschlugen die Luft mit einem markerschütternden Knall. Der Boden bebte, während alle drei Panzer ihre Waffen auf das Ziel richteten.

Der feindliche MG-Beschuss riss ab und das Haus verschwand in einer Staub- und Rauchwolke. Geschützt durch die massive Feuerkraft der Panzer wagten wir uns aus den Deckungen hervor. Der Anblick des zerstörten Hauses und die Stille, die auf den Klang des Beschusses folgte, vermittelten eine vorübergehende Ruhe. Doch es war noch nicht vorbei.

Die Panzer – nun wieder in Bewegung – führten uns weiter durch die langgezogenen Straßen.

Das plötzliche Auftauchen unbewaffneter Russen zehrte dann doch ein wenig an meinen Nerven. Diese Rotarmisten stürmten mit Stöcken bewaffnet einfach die Straße entlang. Ein verzweifelter Versuch, uns zu überrennen.

Das Dröhnen der Panzer-MGs setzte ein und alle angreifenden Russen wurden unter dem verheerenden Abwehrfeuer regelrecht zerschmettert.

Ich hatte Mühe, mich nicht zu übergeben bei dieser Art von Menschenverschwendung.

Doch inmitten des Tumults und der flüchtenden Angreifer schaffte es ein russischer Soldat, sich nah genug an den vordersten Panzer III heranzuschleichen. Mit heldenhafter Entschlossenheit zog er eine Haftgranate aus seinem Gürtel und warf sie mit aller Kraft gegen den Turmdrehkranz, bevor ich ihn mit einem halben Magazin in eine bessere Welt befördern konnte.

Die Granate blieb stecken und zündete schließlich in einem blendenden Feuerball. Rauch und Funken wirbelten um den Panzer, während sich das verdammte Ding als weiß-gelbe Sternschnuppe durch die Panzerung fraß.

Der panische Kommandant im Turm des Panzers versuchte, die Kontrolle zu behalten, während die Männer um den Tank herum, sich schon in Deckung warfen.

Doch die Ausbildung und Disziplin der deutschen Panzerbesatzungen zeigten sich einmal mehr, als sie schnell reagierten, einige Luken aufflogen und alle von Bord gingen, bevor die alte Mühle ein Raub der Flammen wurde.

Wir – wachen Geistes und wieder im Abwehrmodus – eröffneten das Feuer auf die überlebenden Russen, die dem Abwehrfeuer entkommen konnten. Diesmal hatte nicht einer eine Chance.

Wir führten unsere Männer in die schmale Gasse, die sich zwischen den verlassenen Polizeigebäuden und dem, was vom roten Haus noch übrig war, erstreckte. Der Anblick des zerstörten roten Hauses, das wir zuvor mit Panzerfeuer eingedeckt hatten, war wirklich unschön. Die aufgerissenen und übel verrenkten Körper der Russen ließen niemanden kalt. Die Männer bewegten sich leise und vorsichtig, ihre Blicke aufmerksam auf mögliche Bedrohungen gerichtet.

Die Gasse bot eine Art Fluchtweg von der Hauptstraße und ermöglichte es Müller mit einer kleinen Truppe, das rote Haus zu umgehen und die dahinter vermutete feindliche Position von der anderen Seite anzugreifen. Mit gedämpften Schritten bewegten sie sich durch die Trümmer.

Das Signal war mein entschlossenes Nicken. Die Männer stürzten um die Ecke und eröffneten das Feuer. Die Kugeln durchschlugen die lieblos aufgetürmten Sandsäcke und trafen die Feinde im Inneren einer Art Grantwerferstellung.

Als der Rauch sich lichtete und die Schüsse verstummten, blieb eine gespenstische Stille zurück. Das rote Haus, das kurz zuvor noch eine Bedrohung dargestellt hatte, war eingeebnet worden. Niemand hatte unsere Gegenwehr überlebt. Den Panzer III konnten wir – als Auslaufmodell – auch entbehren. Und trotzdem. Wir kamen einfach nicht weiter. Wie lange hingen wir nun schon in diesem verdammten Weiler fest? War es eine Woche? Von der Anstrengung und dem Stress gezeichnet, tauschten wir kurze Blicke aus. Der Erfolg in der Gasse war ein kleiner Sieg inmitten des Großen. Trotzdem wurde die Gesamtlage irgendwie langsam fraglich.

Ich atmete tief durch und trat aus der schmalen Gasse auf die verlassene Straße hinaus. Der Anblick eines Schlachtfelds lässt manchmal innehalten, während ich die verheerenden Auswirkungen unserer Waffen betrachtete. Überall lagen die leblosen Körper von Feinden, aber auch von zu vielen Verbündeten, die in einem brutalen, industriellen Ringen einen sinnlosen Tod gefunden hatten.

Ein Rauchschleier hing über den Trümmern, einige der Gebäude standen in lodernden Flammen. Die Überreste des zerstörten Panzer III zeugten von der intensiven Gewalt, die oft von Kleinigkeiten wie einer einzelnen Ladung entfesselt wurde. Die Männer um mich herum, müde und mitgenommen, hatten ihre Blicke gesenkt. Der Sieg, wenn man ihn so nennen konnte, hatte immer einen bitteren Beigeschmack. Der hohe Preis des Erfolgs zeigte sich in den toten Körpern und den Trümmern, die die Straße säumten. Die Atmosphäre war von Trauer und Erschöpfung durchdrungen. Der Anblick der Zerstörung und der Verluste lies mich verstummen. In meinen Augen spiegelte sich wohl die Schwere des Moments. Denn auch die Männer spürten sichtlich die Last der Verantwortung und die Trauer um die gefallenen Kameraden.

Es war ein Augenblick der Stille auf der Straße, während wir die bittere Realität des Krieges auf uns wirken ließen. Der Weg vor uns war weiterhin von Unsicherheit und Gefahr geprägt und irgendwie schien es kein Ende mehr zu nehmen. Ich jedenfalls, ich war am Ende.

11. Juli 1943

Ein ohrenbetäubender Donner durchdrang die Luft, gefolgt von einem leblosen Pfeifen, als feindliche Artilleriegeschosse auf Ponyri niedergingen. Der Himmel über unserer Heimatstadt wurde von Rauch und Staub verschluckt und der Klang der Verwüstung hallte durch die Straßen. Die Feuerwalze fegte über Ponyri hinweg, zerschmetterte Gebäude, riss Mauern nieder und hinterließ eine Szenerie der Verwüstung. Staub und Asche hüllten die Straßen ein und der Geruch von Rauch und brennendem Material lag in der Luft. Unser Glück, dass wir längst draußen waren.

Die Nachricht vom Rückzug sauste uns immer noch in den Ohren, obwohl wir nichts Genaues wussten.

Leutnant Ziegleis trat vor die verbliebenen Männer seiner Kompanie. Seine Stimme von einem Schleier der Schwere umgeben. Die Gesichter der Soldaten spiegelten Erschöpfung, Verwirrung und Enttäuschung wider, während sie der Ankündigung lauschten.

„Kompanie, auf mein Kommando. Männer, hört gut zu. Die Lage am gesamten Nordabschnitt hat sich verschlechtert. Der Feind rückt unaufhaltsam vor und die Verteidigung ist nicht mehr aufrechtzuerhalten. Wir müssen uns aus Ponyri zurückziehen und schlimmer noch: Die Russen sind im Raum Orel in den Rücken der Front eingebrochen. Aus Schutz vor einer Einkesselung… wird die gesamte Offensive am Nordrand eingestellt", erklärte der Offizier, dessen Worte wie ein Urteil klangen.

Ein dumpfes Schweigen legte sich über die Überlebenden.

„Das kann doch nicht wahr sein. Wir haben so viel für diese Stadt geopfert. Der Rückzug… es ist wie ein Verrat und ohne Durchbruch…", murmelte Müller, dessen Augen von der Last der Entscheidung gezeichnet waren.

„Das entscheiden nicht Sie, sondern Feldmarschall Model!", fuhr ihn der Leutnant sogleich an.

Ich spürte den Kloß in meinem Hals, als ich versuchte, die Realität zu erfassen. Die Stadt, die wir mit Blut, Schweiß und Entschlossenheit erobert hatten, sollte nun aufgegeben werden. Dazu war es noch ein Rückzug aus dem Einsatzraum.

„Der Iwan ist in der Überzahl und wir können nicht mehr standhalten. Der Rückzug ist keine Kapitulation, sondern eine taktische Entscheidung, um unsere Kräfte zu sammeln und an anderer Stelle erneut zuzuschlagen", erklärte der Kompanieführer, dessen Worte einen bitteren Nachgeschmack hinterließen.

Er glaubte wohl selbst nicht ganz, was er da sagte. Die Männer begannen gedankenverloren ihre Ausrüstung zu packen, während die Realität langsam einsickerte. Die Männer, erschöpft und gedemütigt, bereiteten sich darauf vor, die Überreste von Ponyri zu verlassen. Der Rückzug war unausweichlich und während wir die Straßen durchquerten, warf jeder von uns einen letzten Blick zurück auf die Stadt. Die meisten der Landser schwiegen nun und das monotone Klappern ihrer Stiefel hallte wie ein Trauermarsch wider.

Prochwaka, 12. Juli 1943

Die T-34 schossen in Reih und Glied über das offene Feld, wie ich es erwartet hatte, aber nicht sehr koordiniert. Dann standen sie sich fast im Weg, als einer nach dem anderen um die Kurve raste und direkt im Schussfeld der PaK stand. Peng! Mit einem lauten Getöse riss es dem Ersten bereits den Turm ab und während das brennende Monster ziellos in einem Gemüsegarten zum Stehen kam, bewirkte ich bereits den Zweiten. Peng! Der erste und der zweite Schuss saßen, hatten allerdings keine Wirkung.

Mir ging nun etwas die Muffe, als der Tank uns aufs Korn nahm und eine PA-Granate unsere Stellung nur knapp verfehlte. Dreck spritzte in unsere Richtung und ich nahm die Beine in die Hand. Ich hatte wirklich gehofft, dass die Kanoniere meinen Wink verstanden, aber zu meinem Erschrecken blieben sie auf Position und kurbelten weiter. Einen wirkungslosen Schuss in den oberen Turmrand verpassten sie dem T-34 noch, dann hatte das Monstrum die PaK schon überrollt. Die Bedienung rettete sich mit einem Hechtsprung in den Graben. Wohin sie dann liefen, konnte ich nicht sehen, aber es war mir auch irgendwie egal.

Ich lief um eine ärmliche Holzhütte herum und fasste nach der geballten Ladung in meinem Koppel. Ich nahm allen Mut zusammen, wartete, bis das MG wieder auf die Russen wirkte und sprintete los. Mit einem Satz war ich auf dem Turm des dritten Tanks. Er hatte aufgeholt. Ich hatte an der kleinen Schnur gezogen und die Ladung durch die Turmluke geworfen. Mit einem gewagten Sprung landete ich im Straßengraben, während der Panzer in die Luft ging.

Der vordere Panzer setzte nun aus irgendeinem Grund zurück und schob das zweite Ungetüm von der Straße. Der Schrotthaufen hätte mich fast erschlagen, wäre ich nicht schon längst über die anderen Gemüsegärten zurück auf die Ausgangsposition geflüchtet.

Plötzlich herrschte wieder Stille. Die anderen Männer kamen nun aus ihren Löchern und wir sahen uns um. Der ganze Ort lag vor uns. Von den Russen war plötzlich nichts mehr zu sehen. Die zermahlene PaK mitten auf der Straße, dazu die zwei Panzerwracks, ein paar demolierte Vorgärten. Eine eigentümliche Ruhe hüllte alles ein. Gerade als ich die Männer sammeln wollte, tauchte die restliche Kompanie am Ortsende auf. Zufällig! Der Leutnant entstieg einem Kübel. Er war von oben bis unten mit Staub überzogen und wirkte völlig erledigt. Dennoch behielt er irgendwie die Fassung.

„Schön Sie wiederzusehen! Aber vorbei ist es noch nicht. Sie nehmen jetzt alle diese Rohre hier und platzieren sich auf dem Bahndamm. Wollen wir doch mal sehen, wie lange das hält. Ablöse von der Leibstandarte ist unterwegs. Aber ich verspreche, das dauert. Wir räumen derweil die Umgebung frei, Sie verstehen?"

Er deutete auf gut zehn Zugmaschinen, jede eine Pak 40 hinter sich. Mir schwante nichts Gutes.

Ich, der von Panzerabwehr bekanntlich gar nichts verstand, ließ die zehn Geschütze – es waren nur acht, denn zwei erwiesen sich gleich als verschlissen – die ganze Breite über den Bahndamm verteilen. Die Geschützmannschaften verständigten sich über Handzeichen. Meine Männer legte ich dazwischen.

Müller bekam noch zwei Leute und hatte sich als MG in der kleinen Bahnstation platziert.

Gerne hätte ich noch Sperrigel oder zumindest irgendwas direkt hinter dem Damm aufgezogen. Sollten die bekanntlich kopflastigen Panzer durchbrechen, so blieben sie gleich in dem Gewirr stecken, aber dazu fehlte völlig die Zeit.

So standen wir dann da. Die Panzerabwehrgeschütze in Reih und Glied aufgestellt, vor uns die eintönige Weite.

Doch plötzlich, plötzlich sah ich in der Ferne etwas aufleuchten. Im nächsten Moment sauste schon der erste Treffer nur knapp neben einer PaK in die Schienen. Die Mannschaft ging zu Boden.

Die russischen Tanks kamen und es waren tatsächlich T-26! Sie brausten in einer Gruppe von vielleicht zehn Fahrzeugen in wilder Fahrt auf uns zu, spuckten Eisen und Feuer und schienen sich wenig darum zu kümmern, ob sie wirklich etwas trafen.

Doch meine Mannschaften waren schneller und einige gezielte Schüsse machten dem ganzen Theater schnell wieder ein Ende. Wieder die Ruinen vor uns, wieder rauchende Schrotthaufen. Immer noch kein Durchbruch.

Gegen jede militärische Logik tat ich etwas, das normalerweise streng verboten war. Ich nahm meine MP locker in den Anschlag und stieg ohne jede Sicherung in das Trümmerfeld hinab. Dem Leutnant wären wahrscheinlich die Augen aus dem Kopf gefallen, aber ich war mir absolut sicher und schließlich war außer mir ja niemand da, der mich hätte maßregeln können.

Ich spazierte zwischen den Trümmern umher. Von den T-26 waren die meisten eigentlich ganz geblieben. Hier und da hatte sich eine Kette abgewickelt oder ein trauriger Gefallener hing aus einer offenen Luke. Wirklich demoliert waren sie aber nicht. Ein paar vielleicht faustgroße Einschusslöcher waren die einzigen stummen Zeugen.

Die Panzerabwehrgeschütze standen in Reih und Glied auf dem Bahndamm. Schließlich kam, was kommen musste.

Artillerie pflügte über den Bahndamm und riss unsere Panzerabwehr in Stücke, ein Regen aus glühendem Metall ergoss sich über das kleine Dorf. Sofort stürmten Rotarmisten in Begleitung von T-34 auf die Bahnstation zu. Das Örtchen schien verloren. Sie würden wieder durchbrechen und wenn sie einmal in der Stadt waren, dann gab es auch keine Möglichkeit mehr, sie hier noch aufzuhalten.

Die verborgenen PaK40 und die einzelnen Grenadiere erwachten wieder zum Leben. Die T-34 bremsten ab und hätten dabei beinahe ihre eigenen Grenadiere überfahren, welche sich zu Boden warfen und verzweifelt versuchten, das unerwartete Abwehrfeuer zu parieren.

Ein T-34 bekam genau in der Mitte einen Volltreffer, der ihm glatt den Turm abriss. Die Schützen stürzten zu Boden. Die anderen T-34 kurvten nervös herum, schwenkten schließlich die Türme und gaben Abwehrfeuer, während sie sich davon machten. Erschöpft kletterten wir aus unseren Stellungen. Wir fielen uns in die Arme und jubelten lauthals. Nichts schien uns mehr stoppen zu können.

12. Juli abends, Prochwaka

Während uns das Steilfeuer überraschte, waren die meisten von uns noch bei dem Panzer IV Zug, um sich wieder zu sammeln. Nichts blieb übrig von denen, die es nicht mehr in Deckung schafften. Als die Russen unsere Stellungen stürmten, waren die wenigsten einsatzbereit. Wir mussten uns mit dem wehren, was zur Hand war. Die überlebenden Landser aber hatten das Gespür und die Angst verloren. Jeder Russe, den wir erwischten, war einer weniger. Am Ende ging es Mann gegen Mann.

Die Panzer IV, die noch übrig waren, rollten teilweise über die Toten und Verletzten und gaben denjenigen von uns, die noch standen, Deckung.

Die Russen hatten sich aber von ihrer Panik befreit und kämpften ebenso tapfer. Jeder Tank, der schon in Flammen stand, mühte sich zumindest noch, einen Schuss abzugeben oder in rasender Fahrt einen der unseren zu rammen. Wenn die Besatzung aussteigen musste, drückten wir ab. Wer das überlebte, lief aber nicht davon, sondern suchte unsere Nähe. Mit dem Gewehrkolben und Messern ging es zur Sache. Nirgendwo in der Hölle aus Feuer und Staub versuchte noch jemand Ordnung zu schaffen.

Es ging mir nur mehr um die Abschüsse. Wir schritten ohne Deckung voran. Jeder hatte so viel Munition, wie er tragen konnte und schoss auf alles, was sich noch regte. Es ging nur mehr um die Abschüsse.

Dies wurde unsere erfolgreichste Stunde.

Ende

Ihre Zufriedenheit ist unser Ziel!

Liebe Leser, liebe Leserinnen,

hat Ihnen unser Buch gefallen? Haben Sie Anmerkungen für uns? Kritik? Bitte zögern Sie nicht, uns zu schreiben. Wir werden jede Nachricht persönlich lesen und beantworten.

Schreiben Sie uns: info@ek2-publishing.com

Wussten Sie schon, dass Sie uns dabei unterstützen können, deutsche Militärliteratur sichtbarer zu machen? Bitte nehmen Sie sich einen Moment Zeit und bewerten Sie dieses Buch online. Viele positive Rezensionen führen dazu, dass das Buch mehr Menschen angezeigt wird.

Sie können somit mit wenigen Minuten Zeitaufwand unserem kleinen Familienunternehmen einen großen Gefallen tun. Vielen Dank für Ihre Unterstützung!

PS: In seltenen Fällen kommt ein Buch beschädigt beim Kunden an. Bitte zögern Sie in diesem Fall nicht, uns zu kontaktieren. Selbstverständlich ersetzen wir Ihnen das Buch kostenlos.

Landser im Weltkrieg – **„Den Feind im Auge"** erscheint im Monat März als E-Book und Taschenbuch überall, wo es Bücher gibt!

„Mit Vollgas ran!", befahl der Leutnant unmissverständlich.

Und nun folgte eine Minute voller Spannung. Rahmen schmerzten die Augen, so unentwegt starrte er auf den dunklen Punkt, der langsam näher rückte und größer wurde.

„Wenn mein Gefühl nun doch…", fing Schmidtchen wieder an.

Aber der Leutnant hatte nun keine Zeit mehr für Gefühle. U-Boot oder nicht, das war die brennende Frage, die alles entschied. Zweifellos schwabbelte dort unten auf dem Wasser ein Schiff herum, aber sollte es sich gerade um ein U-Boot handeln, ein feindliches U-Boot?

„Auf fünfzig Meter herunter!", donnerte die Stimme von Rahmen mit kalter Entschlossenheit.

Und eine knappe Minute später hatten sie Klarheit. Es war tatsächlich ein feindliches Unterseeboot. Ein langer, grauer Stahlfisch, in der Mitte der breite Turm, am Bug die Netzsäge, auf der Back das schwenkbare Geschütz. Nein, hier gab es keine Täuschung.

Keine Neuerscheinung verpassen und gratis E-Book sichern!

Tragen Sie sich in den Newsletter von EK-2 Militär ein, um über aktuelle Angebote und Neuerscheinungen informiert zu werden und an exklusiven Leser-Aktionen teilzunehmen.

Als besonderes Dankeschön erhalten Sie kostenlos das E-Book »Die Weltenkrieg Saga« von Tom Zola. Enthalten sind alle drei Teile der Trilogie.

Link zum Newsletter:
https://ek2-publishing.aweb.page

Über unsere Homepage:
www.ek2-publishing.com

Landser im Weltkrieg
kaufen!

Direkt zur Serie:

Eine Veröffentlichung der EK-2 Publishing GmbH

Friedensstraße 12
47228 Duisburg
Registergericht: Duisburg
Handelsregisternummer: HRB 30321
Geschäftsführerin: Monika Münstermann

E-Mail: info@ek2-publishing.com
Homepage: www.ek2-publishing.com

Cover/Umschlag: Kayla Pelgrim
Autor: Florian Juterschnig
Lektorat: Heiko Piller
Buchsatz: Heiko Piller

1. Auflage

Druckhinweis:

Libri Plureos GmbH